Julie Claustre, Elisabeth Lusset
et Darwin Smith

NOTRE-DAME DE PARIS

L'ŒUVRE DES SIÈCLES

Gallimard HORS SÉRIE DÉCOUVERTES

EVS IN ADIVTORIVM MEV INTENDE DNE AD ADIV

Notre-Dame. Mille ans d'histoire

En 1163, dit-on, la première pierre de la cathédrale de Paris est posée en présence du pape Alexandre III. Ainsi débute l'histoire d'un monument millénaire, survivant de toutes les secousses de l'histoire de la ville jusqu'à aujourd'hui : guerres, révolutions, incendies l'affectent, sans le détruire.

Pendant plus de six siècles, cette œuvre magistrale, fruit de la créativité et du travail de milliers d'hommes et de femmes, proclame la grandeur du dieu des chrétiens, celle de son Église et du clergé parisien, mais aussi celle du roi de France. Au cœur de sa capitale, le roi fait de la cathédrale un des lieux phares des cérémonies royales, à côté de la basilique Saint-Denis, nécropole royale, et de la cathédrale de Reims, lieu du sacre. La Révolution française, avec la Constitution civile du clergé (1790), l'exécution du roi (1793) et la destruction de certains décors du bâtiment (1792-1793), bouleverse l'ordre social et politique dans lequel s'inscrivait la cathédrale. Quoique restitué au culte catholique (1802) et utilisé pour les grandes célébrations politiques depuis le couronnement impérial de Napoléon Ier (1804), le lieu voit sa vocation fondamentalement transformée au XIXe siècle. Avec Victor Hugo, Eugène Viollet-le-Duc et Georges-Eugène Haussmann, la cathédrale Notre-Dame restaurée fait désormais partie du patrimoine mondial et devient un haut lieu touristique. En ravageant ce lieu sans pareil, l'incendie du 15 avril 2019 a soulevé une immense émotion dans le monde. Il a aussi suscité à son chevet un regain d'énergies scientifiques et artistiques.

Notre-Dame avant Notre-Dame

Quand l'évêque de Paris Maurice de Sully (1160-1196) lance le chantier de sa nouvelle église, la cathédrale a déjà un passé long de huit siècles. Depuis qu'un évêque a organisé la communauté des chrétiens de Lutèce au IVe siècle, un bâtiment de culte existe sur l'île de la Cité, que citent des sources hagiographiques, mais qu'aucun élément archéologique sûr ne nous fait connaître. C'est la première cathédrale, paléochrétienne, de Paris. Cette première église est remaniée à l'époque mérovingienne, sur la décision du roi Childebert Ier (511-558) : on en connaît des fragments de chapiteaux, de colonnes

« La main droite de Dieu protégeant les fidèles contre les démons », enluminure des *Heures d'Étienne Chevalier*, par Jean Fouquet, vers 1452-1460, tempera et feuille d'or sur parchemin.

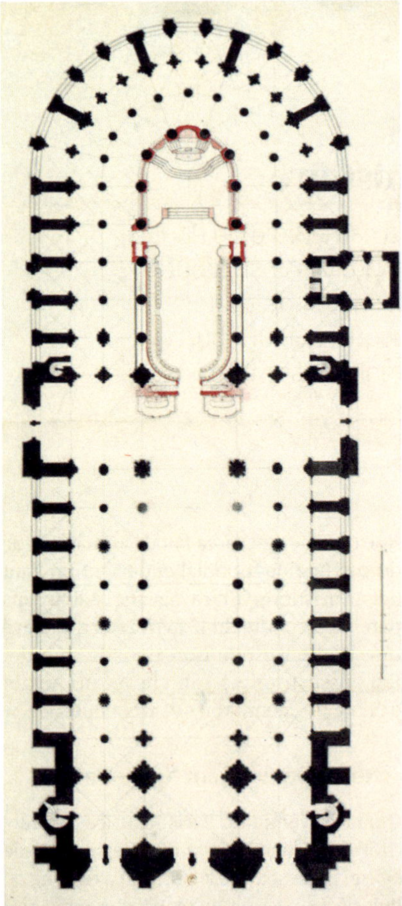

sous le règne de Louis le Pieux (814-840). C'est déjà un vaste monument d'environ 74 mètres de long et 37 mètres de large, avec une nef centrale, deux ou quatre collatéraux et sans doute des tours. Comme dans toutes les cathédrales carolingiennes, pour l'exercice du culte et la direction du diocèse, l'évêque est entouré d'un groupe de clercs, les chanoines, qui ont leur résidence au cloître Notre-Dame, un quartier clos de murs où se trouvent leurs maisons, juste au nord du bâtiment : la pointe orientale de l'île de la Cité est alors réaménagée pour devenir le quartier canonial. Enfin, au début du XIIe siècle, une nouvelle église, dite « romane », est achevée, probablement à l'est de la cathédrale carolingienne alors en ruine. Ce nouvel édifice a laissé quelques décors remarquables, réutilisés dans la cathédrale gothique, comme une Vierge à l'enfant reprise dans le portail Sainte-Anne. La population parisienne est alors en plein essor et les chanoines, en nombre croissant, agrandissent leur cloître vers le bras sud de la Seine.

de marbre et de mosaïques. Dédiée à sainte Marie, au plus tard au VIIIe siècle, elle est voisine de trois autres bâtiments cultuels composant le groupe épiscopal : le baptistère Saint-Jean pour la célébration des baptêmes et les églises Saint-Étienne et Saint-Christophe, servant aussi d'hôpital. Puis l'église est entièrement reconstruite à l'époque carolingienne, probablement

Construire Notre-Dame

Peu après son élection comme évêque de Paris en 1160, le chanoine Maurice de Sully lance le chantier d'une nouvelle cathédrale, moins d'un demi-siècle après l'achèvement des travaux de l'église précédente. Plusieurs facteurs expliquent une reconstruction si rapide. D'abord, dans un contexte d'essor démographique, le nombre de fidèles croît rapidement. Ensuite, les chantiers ecclésiastiques monumentaux se multiplient dans les décennies 1140-1160, avec les abbatiales Saint-Denis et Saint-Germain-des-Prés, les cathédrales de Sens, Noyon, Senlis et Laon. Pour l'évêque et le clergé de sa cathédrale, il s'agit de s'affirmer dans la compétition

Plan de l'église de Notre-Dame de Paris telle qu'elle est présentement, 1699, agence Jules Hardouin-Mansart, lavis d'encre de Chine et d'encre rouge.

architecturale face aux abbayes de Saint-Germain-des-Prés et de Saint-Denis, et même face à l'archevêché de Sens, capitale de la province ecclésiastique dont relevait le diocèse de Paris. Enfin, pour Maurice de Sully comme d'autres lettrés de sa génération, l'église matérielle traduit dans la pierre la communauté des fidèles divers, mais rassemblés dans la foi en un même dieu ; ses ornements manifestent la beauté de l'Église universelle et chaque élément architectural (tours, portail, colonnes...) renvoie à une des composantes de cette Église (prédicateurs, Jésus, théologiens...). La cathédrale nouvelle est ainsi conçue comme un puissant système de signes et de messages adressés aux fidèles appelés à une foi plus intense.

Une fois lancé au plus tard en 1163, son chantier avance rapidement : dès 1182, le maître-autel est consacré par un légat du pape, même si la toiture du chœur n'est peut-être pas encore réalisée. Le transept et la nef sont ensuite bâtis, puis la façade et enfin les tours, achevées au milieu du XIIIe siècle. Le gros-œuvre est réalisé en 80 ans environ. Le plan à cinq vaisseaux avec des bas-côtés doubles prolongés par un déambulatoire également double autour de l'abside se rattache à des traditions anciennes, paléochrétiennes. Mais l'adoption de la structure gothique caractéristique de la voûte d'ogives, reposant sur un système élaboré de contrebutement avec des arcs-boutants, ancre le bâtiment dans la nouveauté et lui permet d'atteindre une élévation remarquable avec une hauteur sous voûte de 33 mètres dans la nef et de 31 mètres dans le chœur. Les tours massives de la façade montent quant à elles jusqu'à 69 mètres. Notre-Dame de Paris gagne ainsi provisoirement la course au gigantisme ouverte entre les cathédrales de la chrétienté latine.

La voûte de la nef de Notre-Dame restaurée, 2023.

Le chantier n'est pourtant pas terminé : entre les bases des contreforts, des chapelles commencent à être aménagées dès les années 1220 et elles se répandent bientôt le long de la nef, du chœur puis du chevet. Cette vaste place laissée aux chapelles pour les dévotions des fidèles est une des caractéristiques de Notre-Dame. Au milieu du XIIIᵉ siècle, le transept est agrandi et les façades de ses bras ornées de nouveaux portails et de très grandes roses de vitrail, avant que, probablement dans le dernier tiers du XIIIᵉ siècle, une flèche ne soit élevée à sa croisée.

À l'intérieur, le chœur des chanoines est séparé de la nef par un jubé, et du déambulatoire par une clôture transformée dans les décennies 1290-1330. Les vitraux du chœur et du chevet sont également refaits dans la première moitié du XIVᵉ siècle, afin que l'éclairage mette en valeur la partie la plus sacrée de l'édifice. Enfin les toitures du chevet sont entièrement modifiées dans la seconde moitié du XIVᵉ siècle et acquièrent alors leur forme typique en gradins. À la fin du XIVᵉ siècle, le chantier de Notre-Dame est terminé. Il a bouleversé tout le quartier environnant. La rue Neuve-Notre-Dame a été percée pour la desserte du chantier. L'ancien hôpital a été détruit pour faire de la place à la nouvelle église et un nouvel hôpital est bâti entre le parvis et le bras sud de la Seine : l'Hôtel-Dieu trouve ainsi une localisation qu'il ne quitte plus jusqu'en 1870.

Transformer Notre-Dame

Du XVᵉ au XVIIIᵉ siècle, le bâtiment connaît des restaurations et des modifications bien plus espacées, mais lourdes de conséquences sur l'espace intérieur de la cathédrale : réparation de la voûte de la croisée du transept au début du XVIᵉ siècle, reconstruction de la chapelle de la Vierge

Vue de l'intérieur de l'église cathédrale de Notre-Dame de Paris, 1760, eau-forte.

du jubé par Anne d'Autriche au début du XVIIe siècle, réfection du maître-autel voulue par Louis XIII, réaménagement du jubé, remplacement des stalles du chœur et restauration de la grande rose du bras sud du transept au début du XVIIIe siècle, changement de verrières et nouvelle sacristie au milieu du XVIIIe siècle, pose de nouvelles grilles fermant les chapelles, suppression du trumeau du portail central de la façade occidentale et d'ornements gothiques dans les années 1770-1780. Autant dire que si les structures essentielles du bâtiment n'ont pas été fondamentalement modifiées après 1400, l'espace vécu et visuel de la cathédrale a été souvent remodelé, au gré des interventions royales et de l'évolution de la liturgie.

Sous la Révolution, l'institution cathédrale est rapidement chamboulée, ses livres et archives confisqués, en application de la Constitution civile du clergé (1790). Mais le bâtiment lui-même n'est affecté que tardivement. C'est l'entrée en guerre contre le Saint-Empire et les monarchies d'Europe en 1792 qui provoque les premières atteintes matérielles : cloches, grilles, mais aussi cercueils en plomb sont refondus en matériel militaire, des pièces d'orfèvrerie du trésor sont saisies pour contribuer aux besoins financiers de la nation en armes. Bientôt ce sont les décors rappelant la royauté ou la féodalité qui sont ciblés : certains sont enlevés et rejoignent l'ancien couvent des Petits-Augustins, qui devient le musée des Monuments français en 1795. Avec l'exécution du roi en janvier, puis celle de la reine en octobre, l'année 1793 est marquée par les principales destructions antiroyalistes : les fleurs de lys sont effacées des décors des murs et des vitraux, des sculptures sont mutilées et surtout, les 28 statues de la galerie des rois sont abattues. En novembre 1793, la cathédrale perd son évêque et est « consacrée à la

Fête de la Raison célébrée dans la cathédrale Notre-Dame de Paris, 1793, eau-forte.

Raison et à la Liberté ». L'espace intérieur est lourdement touché : le jubé du XVIIIe siècle est enlevé et des tribunes sont construites pour les célébrations du nouveau « Temple de la Raison », avant que l'édifice ne serve de dépôt de vins pour les hôpitaux militaires. La flèche, qui menace de s'effondrer, est démontée. Dès 1795, le bâtiment est restitué au culte catholique et après un bref intermède (1798) au cours duquel catholiques et adeptes du culte nouveau se partagent les lieux, le Concordat passé par Napoléon avec le pape (1801) ouvre la voie à un rétablissement pérenne du seul culte catholique. La cathédrale est toutefois à nouveau la cible de destructions lors du sac de l'archevêché de 1831 qui affecta aussi le portail sud du transept.

Pendant la décennie révolutionnaire, d'intenses débats ont eu lieu sur ce qu'il convenait de faire de la cathédrale et de ses décors. Les révolutionnaires ont aussi créé des institutions nouvelles, destinées à conserver monuments et objets anciens, comme le musée des Monuments français. La restauration de l'abbatiale de Saint-Denis conduite depuis 1813 par François Debret suscite d'abondantes polémiques ; on lui reproche un excès d'interventions. Victor Hugo, qui publie son *Notre-Dame de Paris* en 1831, fait campagne avec Prosper Mérimée pour la défense des monuments médiévaux de l'architecture nationale. En 1842, le ministre des Cultes lance un concours d'architectes pour restaurer la cathédrale, concours remporté par Eugène Viollet-le-Duc, alors en charge de la restauration de la Madeleine de Vézelay, et Jean-Baptiste Lassus, restaurateur en second de la Sainte-Chapelle. Les travaux de très grande ampleur commencent en 1845 et durent jusqu'en 1864. Ils portent sur de nombreux aspects de l'édifice, de sorte que l'on peut parler d'une véritable recréation de Notre-Dame sous la houlette de Viollet-le-Duc : la sacristie, les statues de la façade occidentale et des parties hautes, les fenêtres des tribunes, les contreforts de l'abside, la décoration des chapelles, la charpente et la flèche. Cette campagne de travaux est inédite depuis le chantier de la construction elle-même. Maçonnerie, charpente, fonderie, plomberie, menuiserie, ébénisterie, sculpture, verrerie, orfèvrerie, peinture sont concernées. L'objectif n'est donc pas seulement de préserver et consolider l'existant, mais aussi de rendre à l'édifice de culte son éclat.

Financer Notre-Dame

La durée des travaux de Viollet-le-Duc n'est pas seulement liée à leur ampleur. Du fait de l'épuisement des crédits, ils sont interrompus entre 1850 et 1853. En effet, depuis

Charles Meryon, *Le Stryge de Notre-Dame de Paris*, 1853, eau-forte.

le XIIe siècle, le financement d'une si vaste église a été un défi constant. Si la destruction des comptes de la cathédrale lors du transfert de ses archives à l'État à la Révolution nous prive de toute certitude sur la manière dont a été payée la construction aux XIIe et XIIIe siècles, à partir du XIVe siècle, c'est le chapitre, c'est-à-dire la communauté des chanoines, qui est le principal financeur et maître d'ouvrage, et non l'évêque, même quand ce dernier acquiert la dignité d'archevêque (1622). Cela n'empêche pas certains évêques de contribuer à titre personnel à des dépenses : en 1196, Maurice de Sully lègue ainsi 100 livres pour le toit de l'édifice. Mais le chapitre paraît être le vrai maître de la cathédrale, à travers l'institution de la fabrique, qu'il contrôle largement, contrairement à ce qui est constaté dans d'autres cathédrales. La fabrique a des revenus stables, provenant notamment des loyers qu'elle prélève sur quelques maisons et boutiques situées au pied de la cathédrale et dans l'île de la Cité. D'autres recettes lui reviennent à chaque nomination de chanoine et d'évêque, à chaque cérémonie funéraire célébrée dans la cathédrale, ce qui s'avère très lucratif : par exemple, 224 livres lors des obsèques du roi Jean II en 1364. La fabrique reçoit aussi les dons déposés dans les troncs par les fidèles et leurs legs - parfois très élevés dans le cas des grands seigneurs et des chanoines. Les rois de France ne sont pas en reste : dans le dernier tiers du XIVe siècle, ils visitent régulièrement les reliques de Notre-Dame, laissant à chaque fois de riches cadeaux. Enfin, la pratique des indulgences, destinée à stimuler les dons des fidèles, devient régulière aux XIVe et XVe siècles.

Toutefois, les besoins d'entretien du bâtiment sont par nature imprévisibles : qu'une cloche tombe d'une tour et se fracasse sur le sol, il faut rapidement mobiliser des fonds pour en fabriquer une nouvelle. Le chapitre prélève alors certaines des recettes qui lui viennent de ses vastes possessions et fait appel à la générosité des fidèles, en particulier du roi. Il est probable que l'évêque et le chapitre aient procédé ainsi au début de la construction dans les années 1160 : en mobilisant les revenus tirés de la taxation des habitants de leurs terres, en suscitant les aumônes des fidèles et en sollicitant le roi. C'est notamment pour trouver des sources de financement pérennes que les fondations de chapellenies ont été encouragées dans la cathédrale : des évêques, chanoines, rois, proches serviteurs du roi et confréries parisiennes ont été autorisés à organiser des célébrations spécifiques dans les chapelles de la cathédrale, moyennant finances.

Le roi à Notre-Dame

Le roi de France ne paraît pas avoir eu une part décisive dans le chantier de Notre-Dame, qui émanait de la volonté de l'évêque et de son chapitre : Louis VII a fait en 1179 un legs de 200 livres, certes deux fois plus élevé que celui de l'évêque Maurice de Sully, mais très loin des 2000 livres offertes par Jean sans Terre à la cathédrale de Rouen en 1202. Encore faut-il prendre en considération les aumônes de sa veuve, Adèle de Champagne, de son successeur Philippe Auguste (1180-1223) et celles de leurs proches. Le roi peut soutenir la cathédrale d'autres façons. Ainsi, Philippe Auguste reconnaît au chapitre des droits étendus sur des terres, marchés, cours d'eau du domaine capétien, qui produisent des revenus sonnants et trébuchants pour la cathédrale.

Les rois de France ont surtout développé avec Notre-Dame un lien spirituel et politique singulier. Certes, les rois sont sacrés à Reims et inhumés à Saint-Denis, où sont également gardés les insignes royaux. De plus, la Sainte-Chapelle, voulue par Louis IX pour abriter les reliques de la Passion (1248), ajoute une rivale à Notre-Dame, dans l'enceinte du palais royal de la Cité. Mais Notre-Dame s'est taillé une place dans les rituels monarchiques. Philippe Auguste y fait enterrer la reine Isabelle de Hainaut (1190), puis offre des reliques de la Vierge, de Jean Baptiste, de saint Étienne et de saint Denis, qui renforcent la sacralité du lieu. L'habitude est prise lors des funérailles royales d'exposer le corps du roi défunt dans la cathédrale et d'y célébrer une messe avant que le corps ne rejoigne Saint-Denis. Ce rituel est observé jusqu'à Henri IV (1610). Aux XVIIe et XVIIIe siècles, les rois y font inhumer leurs entrailles et certains princes du sang, capitaines et ministres sont honorés d'une pompe funèbre à Notre-Dame. Autre cérémonie royale : du XIVe jusqu'au XVIIe siècle inclus, la première entrée du roi ou d'une reine dans Paris après son avènement donne lieu à une procession qui part de la porte Saint-Denis et fait étape à Notre-Dame.

Entre le milieu des serviteurs du roi et le clergé de la cathédrale, les liens sont étroits. Au Moyen Âge, le roi intervient dans le choix de l'évêque et d'une partie des chanoines et, en retour, évêque et chanoines figurent parmi ses conseillers et officiers au Parlement et à la Chambre des comptes. À partir du XVIe siècle, le roi a négocié avec le pape le pouvoir de nommer tous les évêques du royaume, dont celui de Paris. Il obtient au XVIIe siècle la transformation de l'évêché en archevêché. Notre-Dame est donc étroitement liée aux rouages centraux de l'État monarchique.

Le roi fait aussi de la cathédrale un lieu de sa communication politique. Philippe le Bel y réunit en 1302 les premiers états généraux de l'histoire du royaume. En août 1450, le premier *Te Deum* célébrant une victoire militaire du roi est célébré dans la cathédrale : Charles VII vient de reconquérir la Normandie sur les Anglais. Ces célébrations se multiplient à partir de la fin du XVIe siècle (pas moins de 150 entre 1610 et 1715) et l'habitude s'installe d'exposer dans la cathédrale les étendards pris à l'ennemi. Le lien étroit noué entre le roi et Notre-Dame se manifeste pleinement avec le vœu de Louis XIII, prononcé en 1638 et accompli au XVIIIe siècle, qui figure le roi offrant le royaume à la Vierge.

Ce lien spécifique entre Notre-Dame et la monarchie est parfaitement perçu par les révolutionnaires de 1793, mais aussi par Napoléon, qui choisit Notre-Dame pour son sacre impérial le 2 décembre 1804. De multiples *Te deum* y sont célébrés pour ses victoires, avant d'autres, comme celui de novembre 1918 pour la fin de la Première Guerre mondiale. C'est ainsi que le lien forgé par les rois avec Notre-Dame a été transmis, *via* l'Empire, à la République. Dans cette continuité, Notre-Dame accueille les funérailles des présidents De Gaulle (1970) et Mitterrand (1996), des cérémonies d'hommage aux victimes de la Première Guerre mondiale et des attentats de 2015.

Le XIXe siècle a ainsi transformé Notre-Dame en un haut lieu du patrimoine et de la mémoire nationale. Aux XXe et XXIe siècles, elle devient de surcroît un pôle majeur du tourisme mondialisé : 13 millions de visiteurs en arpentaient chaque année les bas-côtés avant l'incendie du printemps 2019.

Vierge à l'Enfant, dite « Notre-Dame de Paris », XIVe siècle, pierre.

Sur l'île de la Cité, deux pouvoirs cohabitent. À l'est, l'évêque et sa cathédrale, dont les tours de 69 mètres dominent Paris jusqu'en 1677 et l'érection du dôme des Invalides ; à l'ouest, le roi, son palais, centre de l'administration royale, et la Sainte-Chapelle, construite par Louis IX, dont l'architecture rivalise avec celle de Notre-Dame.

Notre-Dame et l'île de la Cité

À la pointe de l'île de la Cité Notre-Dame est le berceau de Paris. Un temple romain était établi dans la partie orientale, et c'est sous le chœur même de Notre-Dame que fut découvert, en 1711, le pilier des Nautes, le plus ancien monument daté de l'antique Lutèce. Aujourd'hui, il ne reste que de très rares vestiges des quatorze petites églises de l'île de la Cité, détruites après la Révolution, ni de son dense réseau de ruelles, arasé au XIXe siècle lors de la transformation de la ville par le préfet Haussmann. Si le Parlement, la Cour des comptes et le palais épiscopal ont disparu, quelques bâtiments témoignent encore de la concentration des pouvoirs au sein de la Cité : la Sainte-Chapelle de l'ancien palais royal, le Palais de justice, l'Hôtel-Dieu, la Préfecture de police, le Tribunal de Commerce. La cathédrale, belvédère du haut de ses tours, demeure un sujet privilégié des peintres et photographes, et guide, comme une boussole, tous les amoureux de Paris.

Pilier des Nautes, mariniers commerçant sur la Seine, dédicacé à Jupiter et à l'empereur Tibère, reconstitution en plâtre de 1984.

Carte de l'île de la Cité, dans *Lutetia Urbs Parisiorum*, Paris, L. Gaultier, 1607.

L'île de la Cité, détail du plan de Paris, dit Plan de Truschet et Hoyau, 1553, gravure sur bois.

Le parvis de Notre-Dame de Paris et le baptistère Saint-Jean, vers 1680, eau-forte de Gabriel Perelle (graveur) et Nicolas Langlois (éditeur).

À partir de la seconde moitié du XIXe siècle, la vocation touristique de la cathédrale s'affirme. Les visiteurs font l'ascension des tours pour observer la flèche, et la ville qui s'étire le long de la Seine.

Ayant alors l'âme romantique, [j']allai manger sur les tours de Notre-Dame. Là, je régnais sur Paris. La Seine coulait entre les toits, les dômes et les clochers, et on la voyait dans le lointain bleuâtre perdre son filet d'argent entre les verts coteaux.

Anatole France, *La Vie en fleur*, 1922

Attestés depuis le XVIIe siècle, les vendeurs ambulants de livres sont appelés bouquinistes, du flamand *boeckin* (livre de peu de valeur). Le baron Haussmann tente de les expulser des quais de Seine sous le Second Empire, mais en 1891, ils sont autorisés à laisser leur marchandise la nuit dans des caissons scellés aux parapets. Vers 1900, les boîtes sont peintes du même vert que les fontaines Wallace et les colonnes Morris. Leur couvercle relevé ne doit pas dépasser 2,10 m afin de ne pas gêner la vue. Depuis 2019, les bouquinistes sont inscrits au patrimoine culturel immatériel français.

← ←

La Pointe de l'île Notre-Dame, 1827, aquarelle de Hamilton.

Janine Niepce, *Vue depuis le sommet de la cathédrale Notre-Dame*, Paris, années 1950, photographie.

Janine Niepce, *Bouquinistes, quai de Montebello*, Paris, 1984, photographie.

Notre-Dame est célèbre pour sa majestueuse façade, mais aussi pour son chevet, ceinturé de chapelles rayonnantes et de grands arcs-boutants qui lui confèrent des allures de vaisseau posé sur la Seine. Sur l'aquarelle d'Hamilton, la cathédrale est dépourvue de sa flèche, mais on voit encore la chapelle gothique de l'ancien hôtel épiscopal, dont le toit et le chevet apparaissent en bas à gauche de la tour sud. Les barges et les trains de bois sur la Seine, ainsi que les barriques de vin sur le quai rappellent l'intense trafic commercial sur le fleuve autour de la Cité.

Quel est l'architecte goth qui a tracé le plan de cet édifice très-ancien ? N'av[a]it-il pas un génie hardi, et ne sentez-vous pas en entrant dans cette église, que l'étendue et la majesté du monument vous frappent beaucoup plus que les proportions régulières et délicates de nos temples modernes ?

Louis-Sébastien Mercier, *Tableau de Paris*, 1783

Vue de la nef de Notre-Dame de Paris, décorée des « Mays », vers 1650, école hollandaise, huile sur toile.

Vue du chœur de Notre-Dame de Paris vers 1715, avec la grille de Robert de Cottes et les deux autels du XVIIe siècle, gravure d'Aveline.

Maître-autel du chœur de la cathédrale avec la *Pietà* sculptée en 1723 par Nicolas Coustou pour satisfaire au vœu de Louis XIII.

Sur la peinture de la nef en perspective, on aperçoit les tableaux suspendus des « grands Mays », offerts annuellement en hommage à la Vierge, le 1er mai, par la confrérie des orfèvres de 1630 à 1707. Ces tableaux, qui illustraient des épisodes des Actes des Apôtres, étaient commandés aux peintres les plus célèbres du temps. Les épisodes étaient choisis pour leur caractère exemplaire dans l'esprit des traités de méditation – Crucifixion de saint Pierre, Conversion de saint Paul. Mais il ne faut pas oublier que la cathédrale était aussi le lieu d'une expérience esthétique unique pour une grande partie de la population, aussi bien pour les arts visuels qu'auditifs. Sur la gravure, postérieure au réaménagement de Robert de Cotte, le jubé médiéval en pierre et son habillage en bois du XVIIe siècle ont été détruits pour faire place, au milieu de la croisée, à une grille en fer forgé et doré. Désormais le chevet avec le grand autel et l'ancien chœur sont réunis dans une même perspective.

Les évêques de Paris, Maurice (1160-1196) et Eudes de Sully (1197-1208), ont coordonné les cinquante premières années du chantier de la cathédrale. C'est certainement en hommage à ce rôle que le cercueil en cuivre jaune d'Eudes de Sully fut élevé sur des colonnettes au milieu du chœur, à 65 centimètres du sol : il était ainsi en permanence visible des chanoines, des chapelains, des clercs et des enfants de chœur, réunis pour la célébration des offices.

Bâtisseurs et architectes

Depuis le chantier lancé au XIIe siècle par l'évêque de Paris, Maurice de Sully, Notre-Dame de Paris est le fruit du travail de milliers d'hommes et de femmes qui l'ont bâtie, modifiée, aménagée, décorée ou reconstruite, lui conférant les volumes et les finesses que l'on admire encore aujourd'hui. Au Moyen Âge, les *maîtres des œuvres*, architectes qui circulaient d'un bout de l'Europe à l'autre sur les chantiers des cathédrales, les ont parfois signées de leurs bustes sculptés. À l'époque moderne, de 1708 à 1725, l'architecte Robert de Cotte changea la disposition encore médiévale de l'église en unifiant le chevet, où se trouvait alors le maître autel, avec l'espace du chœur compris entre les stalles des chanoines. Au-delà des seuls architectes, le bâtiment est né de l'alliance d'un projet religieux et urbain et de savoir-faire et de techniques multiples. C'est cette alliance que les architectes, compagnons et artisans d'art s'efforcent de renouer aujourd'hui.

Sceau de Maurice de Sully, évêque de Paris, commanditaire du chantier de Notre-Dame de Paris.

Tombeau de l'évêque Eudes de Sully à l'effigie du prélat, XVIIe siècle, aquarelle.

Portrait de Jean de Chelles ou Pierre de Montreuil, architectes de Notre-Dame de Paris, dans le bras nord du transept.

Vue intérieure de la nef de Notre-Dame de Paris.

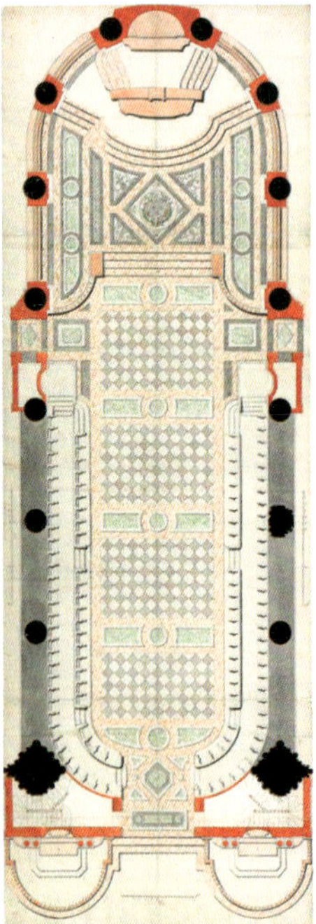

Médaille de la consécration d'un nouvel autel de Notre-Dame, 1699, par Joseph Roëttiers (graveur), étain.

Angelot, détail de la *Pietà* de Nicolas Coustou, XVIIIe siècle.

Plan du chœur de Notre-Dame avec le dallage de Robert de Cotte, 1715, dessin de Pierre Lepautre, encre de Chine, lavis d'encre de Chine et aquarelle.

Vue du pavement du chœur de Notre-Dame de Paris.

Louis XIII s'engage, s'il a un héritier, à consacrer son royaume à la Vierge, à modifier le chœur de la cathédrale et à offrir un nouvel autel. En 1638, après plus de vingt de mariage, la reine attend un enfant. En 1699, Louis XIV réalise le vœu de son père par la reconstruction de l'autel, commémorée par une série de médailles.

Le projet de nouveau chœur de l'architecte Jules Hardouin-Mansart fut repris en 1708 par son beau-frère Robert de Cotte. Les anciennes dalles funéraires de pierre ou de métal qui couvraient le sol furent enlevées et remplacées par un dallage en mosaïque de marbre. Les degrés de l'autel furent réalisés en marbre du Languedoc.
Le maître-autel, taillé en forme de tombeau antique, est construit en marbre d'Égypte. Derrière l'autel on installa la *Pietà* entourée d'angelots de Nicolas Coustou. Sur deux socles de part et d'autre, se trouvent les statues de Louis XIV agenouillé et de Louis XIII, offrant son sceptre et sa couronne.

La première flèche de Notre-Dame fut construite au XIIIe siècle. Elle mesurait plus de 30 mètres et abritait sept cloches, dont une en bois (une grande crécelle ou *simandre*) actionnée depuis le soir du Jeudi saint jusqu'au matin de la veille de Pâques (Du Breul, *Le Théâtre des antiquitéz de Paris*, 1612). En mauvais état, s'inclinant dangereusement, cette flèche fut démontée à la Révolution, en 1793.

Viollet-le-Duc s'est aidé des relevés d'experts du XVIIIe siècle pour retrouver le style de la flèche primitive et en reprendre l'ingénieux système de charpente à fermes inclinées, mais en ajoutant deux étages à plates-formes ajourées avec balustrades. Culminant à 91 mètres au-dessus du sol et inaugurée le 15 août 1859, elle n'oscilla que de 20 centimètres lors du premier ouragan qu'elle dut affronter, le 27 février 1860.

Le spectacle devint magnifique. Notre-Dame apparaissait en plein, se montrant par le chevet avec ses arcs-boutants semblables à des côtes de poissons gigantesques, ses deux tours carrées et sa flèche aiguë plantée sur le point d'intersection des nefs.

Théophile Gautier, *Le Capitaine Fracasse*, 1863

Projets de restauration de la façade sud de Notre-Dame [en haut] et de la façade occidentale [en bas], 28 janvier 1843, dessins d'Eugène Viollet-le-Duc, aquarelle et plume.

Construction de la flèche d'Eugène Viollet-le-Duc, 1860, photographie Bison frères.

Le stryge de Notre-Dame, d'après un dessin de Viollet-le-Duc, pierre.

Dessin de Viollet-le-Duc pour la dernière gargouille de la corniche des chapelles de la nef sud.

Eugène Viollet-le-Duc, sous les traits d'un apôtre, regardant sa flèche.

Le concours pour la rénovation de Notre-Dame fût clôturé le 31 décembre 1843 et seuls Lassus et Viollet-le-Duc, qui avaient déjà collaboré à la Sainte-Chapelle, déposèrent leur projet à temps. Chacun avait accumulé une considérable documentation sur l'architecture du Moyen Âge. Ultérieurement, Viollet-le-Duc publia un monumental *Dictionnaire raisonné de l'architecture française, du XI*[e] *au XVI*[e] *siècle*.
Les planches ci-contre présentent leurs propositions pour les façades occidentale et méridionale.
Achevée en 1864, la rénovation est complétée par l'inauguration du grand orgue, le 6 mars 1868.

Viollet-le-Duc s'est tellement identifié à Notre-Dame que lui, la cathédrale, sa flèche et ses chimères ont fait le bonheur de la presse et des nombreux caricaturistes de son temps.

Portrait-charge d'Eugène Viollet-le-Duc publié dans *Les Soirées du Louvre*, 1861, dessin à l'aquarelle d'Eugène Giraud.

Maquette de la flèche de Notre-Dame, 1859, par Auguste Bellu, bois.

Peintures murales des chapelles de Notre-Dame de Paris exécutées sur les cartons de E. Viollet-le-Duc, relevés de Maurice Ouradou en 1870, chromolithographie.

La rénovation de Viollet-le-Duc

Au XIXe siècle, Eugène Viollet-le-Duc et Jean-Baptiste Lassus ont fondamentalement modifié l'espace et la physionomie de la cathédrale et contribué au développement du goût romantique pour un Moyen Âge dit « gothique ». Leur projet visait à respecter les matériaux et les styles de l'architecture, de la sculpture et de la peinture des XIIe-XIVe siècles. De plus, écrivait Viollet-le-Duc, « restaurer un édifice, ce n'est pas l'entretenir, le réparer ou le refaire, c'est le rétablir dans un état complet qui peut n'avoir jamais existé ». Il entendait recréer le langage stylistique de la construction d'origine. L'entreprise était soutenue par des hommes attachés aux valeurs cléricales, comme Chateaubriand, et par un courant progressiste animé par de jeunes auteurs, tels Victor Hugo, Jules Michelet et Prosper Mérimée. Le fantastique bestiaire de chimères et de gargouilles dessinées par Viollet-le-Duc et sculptées par des équipes choisies pour leur savoir-faire a durablement enflammé l'imagination des artistes.

Les agrafes de fer, de 50 centimètres de long, renforcent la maçonnerie sur plusieurs niveaux (tribunes, murs gouttereaux, terrasses du chœur). La datation au carbone 14 des agrafes, l'analyse de leur composition chimique et le relevé des marques laissées par les forgerons permettent de reconstituer les étapes de construction de la cathédrale. Lors de la reconstruction, si certaines agrafes d'origine ont été remplacées, d'autres ont pu être remises en place.

À la fois solide et élastique, le plomb est utilisé pour recouvrir les toits, assembler les vitraux, fixer les agrafes de fer et sceller les pierres. À la base des colonnes, des semelles de plomb de quelques centimètres permettent à l'édifice de résister aux mouvements de terrain. Lors de l'incendie, les températures ont atteint entre 600 et 900 °C, faisant fondre le plomb des toits et de quelques joints.

Agrafes de fer scellées au plomb attachant les pierres sur le sol des combles des tribunes de la nef.

Coulée de plomb consécutive à l'incendie de 2019.

Les charpentes médiévales de la nef et du chœur sont composées de fermes, des structures porteuses triangulaires. Hautes de 12 à 13 mètres, larges de 14 à 16 mètres et pesant 7 tonnes, elles supportent le poids de la couverture de la cathédrale, tout en résistant aux poussées latérales et aux vents.

Après l'incendie de 2019, les charpentes et la flèche ont été reconstruites avec 2 000 chênes provenant de forêts réparties dans toute la France. Les arbres ont été abattus avant la montée de sève en mars 2021, puis équarris à la hache afin de respecter les fibres du bois.

Les charpentiers du chantier de restauration ont repris les techniques de taille et d'assemblage des bâtisseurs médiévaux. À partir de plans, ils ont réalisé le tracé de l'épure, c'est-à-dire un dessin au sol à l'échelle 1 des pièces de charpente à tailler.

Huit fermes ont été assemblées en ateliers, puis acheminées en barge sur la Seine avant d'être levées par une grue au-dessus des voûtes. Les autres ont été « montées à blanc » en amont afin de vérifier les assemblages, puis démontées pour être installées sur le toit de la cathédrale.

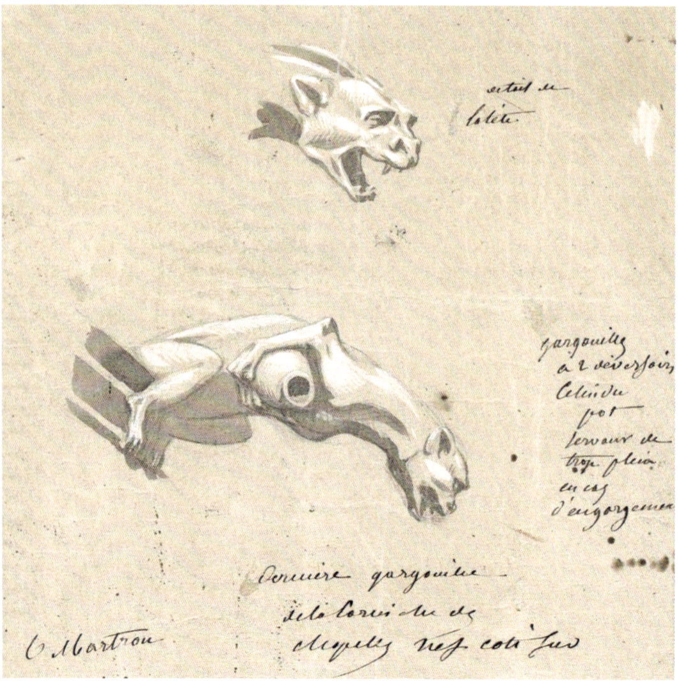

On possède de Viollet-le-Duc, dessinateur de talent, plus de 400 dessins à la plume, certains rehaussés de lavis ou de gouache. Ils étaient destinés à servir de modèles aux 54 chimères de la balustrade en façade de Notre-Dame et aux centaines de gargouilles placées au plus haut des tours, aux trois niveaux de la nef et autour du chœur. Le démon pensif, dit « le Stryge », accoudé au garde-corps de la façade à l'angle de la tour nord, est la plus célèbre de ces chimères. Tiré du latin *striga* (sorcière), ce nom qualifie Esmeralda dans *Notre-Dame de Paris* de Victor Hugo (1831), puis il est donné à une gravure de la chimère par le dessinateur Charles Meryon (1853).

Détail du Tabernacle

Piliers de l'autel

Maurice Ouradou del.

Au 10me de l'exécution

Ad. Levie lith.

Chef-d'œuvre gothique, Notre-Dame est construite en calcaire lutétien provenant de carrières proches telle celle de Charenton. Le portail Sainte-Anne de la façade occidentale, qui date des années 1210, remploie des sculptures romanes réalisées cinquante ans plus tôt pour l'église antérieure. Il est consacré à la vie de Vierge et à l'enfance de Jésus. Quant à la tête d'homme barbu, elle fait partie des nombreuses sculptures détruites et ensevelies durant la Révolution. Elle est découverte en 1977 lors de travaux dans un hôtel particulier du XIe arrondissement.

De pierre, de bois, de métal et de verre

De pierre, de bois, de métal et de verre, telle est Notre-Dame. Parmi les multiples découvertes faites dans les décombres et sur les murs noircis, se trouvaient d'innombrables agrafes de fer de trois kilos chacune, ainsi que d'immenses quantités de plomb, utilisées pour sceller et enchaîner les pierres de la maçonnerie. Quant à la charpente, elle constituait une véritable forêt de chênes. Depuis le XIIe siècle, maçons, tailleurs de pierre, sculpteurs, charpentiers, ferronniers et vitriers ont apporté leur savoir-faire et leurs arts dans une cathédrale où l'ouvrage ne s'arrêtait jamais, qu'il s'agisse de s'adapter aux évolutions de la liturgie ou encore de réparer les accidents de l'histoire. Sur le chantier de restauration, la taille, l'assemblage et l'appareillage des pierres et des poutres, pour reconstruire la voûte de la croisée du transept, la charpente et la flèche, font redécouvrir des pratiques oubliées et constituent, aujourd'hui, une école à ciel ouvert pour les métiers d'arts.

Vierge en majesté au tympan du portail Sainte-Anne (portail sud façade occidentale), remploi d'un tympan réalisé pour l'ancienne cathédrale Saint-Étienne, XIIe siècle.

Tête d'homme barbu, vers 1240, provenant du portail nord de la cathédrale Notre-Dame et conservé au musée de Cluny.

L'enlumineur parisien de ce livre de prières figure le Saint-Esprit descendant sur la Vierge et les apôtres dans une église. Il s'agit de la plus ancienne représentation du chœur de Notre-Dame, identifiable par ses fenêtres hautes, ses tribunes et sa voûte rouge constellée d'or.

Miniature de la Pentecôte, folio 187 verso du *Livre d'Heures* du Maître de Spitz, vers 1420.

Détail du médaillon du Sagittaire, rose occidentale.

Détail des « Travaux des mois », rose occidentale : septembre et le foulage du raisin.

Restauration des vitraux de la chapelle Saint-Ferdinand, située dans le chœur, 10 février 2021.

Vue des fermes de la charpente médiévale de la cathédrale, XIIe-XIIIe siècles.

Chênes sélectionnés pour la nouvelle charpente de Notre-Dame de Paris.

Charpentiers de la fabrique Desmont, à Nassandres-sur-Risle (Normandie), travaillant aux fermes de la nouvelle charpente de la nef de Notre-Dame, 12 avril 2023.

Mise en place des fermes de la nouvelle charpente de la nef, 17 octobre 2023.

Domine labia mea
aperies
Et os meum an

Au XVIIIe siècle, afin d'apporter de la clarté, de nombreuses verrières médiévales ont été remplacées par du verre blanc. Au XIXe siècle, Lassus et Viollet-le-Duc rétablissent le style médiéval en s'inspirant des cathédrales de Bourges, de Chartres et de la Sainte-Chapelle. Pour retrouver l'intention initiale des architectes médiévaux, c'est-à-dire « colorer la lumière et réchauffer les tons par trop uniformes des grandes murailles » (*Description de Notre-Dame, cathédrale de Paris*, 1856), ils s'entourent de peintres verriers, comme Laurent-Charles Maréchal dit Maréchal de Metz.

Dans des dominantes de bleu et de rouge, la rose nord d'environ 12,5 mètres de diamètre représente Marie entourée de rois et de prophètes. Ses vitraux, comme ceux des roses sud et occidentale, ont été épargnés par l'incendie.

Vitraux et polychromies

De toutes les couleurs de la Notre-Dame médiévale, il ne reste aujourd'hui que les trois grandes roses et de rares traces de polychromie sur la façade et les pierres de la nef. Or, au Moyen Âge, les personnages sculptés et peints de la clôture du chœur – qui racontent l'histoire du monde, celle du Christ et de sa Passion – prenaient vie grâce à la lumière pénétrant par les roses et les fenêtres de verre coloré et grâce aux centaines de cierges allumées lors des fêtes solennelles. La nef se parait aussi d'immenses toiles peintes, suspendues aux tribunes et figurant les douze apôtres. Le chœur et le jubé étaient tapissés par des épisodes de la vie de la Vierge ; les chapes et vêtements des célébrants, des enfants du chœur, arboraient les couleurs symboliques de l'année liturgique : violet à l'Avent et en Carême, blanc à Noël et Pâques, et rouge pour la Pentecôte, en alternance avec le vert du temps ordinaire. Ce sont ces couleurs que Viollet-le-Duc a voulu restituer dans les chapelles du chœur.

Détail d'un vitrail de la sacristie de Notre-Dame, XIXe siècle.

Rose du transept nord, édifiée vers 1250, illustrée des figures de l'Ancien Testament.

Les figures et les bas-reliefs des portails extérieurs étaient ornés d'or et peints de diverses couleurs. Le jeu sur les contrastes permettait de hiérarchiser les scènes et d'en faciliter la lecture depuis le sol. Après l'incendie de 2019, les fouilles archéologiques et les nettoyages à l'intérieur de la cathédrale ont aussi fait apparaître d'autres témoins de la polychromie médiévale : fragments de sculptures peintes du jubé, clefs de voûte dorées à la feuille, traces de peinture rouge, vert et ocre jaune sur les chapiteaux, rehauts de laque rouge sur motifs bleu azurite.

Construite au XIVe siècle, repeinte au XIXe siècle et nettoyée en 2023, la clôture du chœur isolait les chanoines durant l'office, les préservant des bruits du déambulatoire.

L'un des vitraux non figuratifs de Jacques Le Chevallier installés dans la nef et le transept, reprenant la palette de couleurs des grandes roses médiévales, 1966.

Détail de la clôture sud du chœur, consacrée à la vie du Christ, sa Passion et sa résurrection, vers 1350.

Tête sculptée provenant du jubé médiéval retrouvé lors des fouilles archéologiques effectuées dans les vestiges de la cathédrale incendiée.

Datant des années 1230, la rose occidentale associe travaux des douze mois (semailles, moisson, foulage du vin…) et signes du zodiaque issus d'un savoir encyclopédique antique. En articulant temporalités terrestre et céleste, l'iconographie fait le lien entre les hommes et Dieu.

La restauration du XIXe siècle renoue avec les couleurs médiévales, tout en usant de techniques nouvelles comme les enduits à base de cire, déposés sous la couche colorée et imperméabilisant les murs. La polychromie néogothique redonne vie, mouvement et lumière à l'architecture. Dans la chapelle Saint-Ferdinand, située dans le chœur, chaque élément de l'architecture a sa couleur propre, en écho aux couleurs des vitraux.

Et le soleil couchant dardait ses étincelles / Aux vitraux rallumés de rougeâtres parcelles / Qui me restaient longtemps ardentes dans les yeux. / Notre-Dame ! aujourd'hui belle et retentissante, / Triste alors, quel secret m'avez-vous dit tout bas ?

Marceline Desbordes-Valmore, *Les Pleurs*, 1833

Le trésor de Notre-Dame a été reconstitué après la Révolution par des collectes et des dons, comme celui de la Vierge en argent (156 cm) offerte par Charles X. Le reliquaire de Jaucourt, où deux anges portent un fragment de la Vraie Croix donné par l'empereur d'Orient, n'est pas originaire de Notre-Dame. D'une production typique de l'orfèvrerie parisienne du XIVe siècle, il est cependant d'un modèle semblable à celui du reliquaire de la « mamelle d'argent contenant du lait de la Vierge, avec deux anges, à gauche et à droite », mentionné dans l'inventaire du Trésor de 1343.

Du Moyen Âge à l'époque moderne, les reliques étaient avant tout précieuses par leur contenu. De ces époques, on possède de nombreux bustes-reliquaires en bois de toutes dimensions. Souvent, des fenêtres permettaient de voir la relique et des ouvertures-couvercles sur la tête de l'extraire et de la toucher. On pensait que les reliques avaient un rayonnement bénéfique, voire miraculeux, qu'il convenait de capter, même avec de petits miroirs accrochés aux chapeaux, comme lors de leur ostension aux processions et cérémonies publiques ou à la balustrade des cathédrales.

Livré par Alexandre Cavaillé-Coll en 1868, le grand orgue de Notre-Dame comporte aujourd'hui cinq claviers, 109 jeux et près de 8000 tuyaux, mais son buffet, face à la nef, est encore celui installé par le facteur François Thierry en 1733.

Verbe, musiques et sons

Notre-Dame bruit en permanence de paroles, de musiques et de sons. Berceau d'une polyphonie européenne portée par les dimensions hors du commun du bâtiment, elle est le lieu d'écoute privilégié du verbe divin. Jusqu'à la Révolution, l'organisation et le règlement de son chœur furent un modèle pour les cathédrales du royaume. Certains de ses membres y ont fait de longues carrières, d'enfants à maîtres de chœur, devenus par la suite chanoines dans les églises dépendantes de la cathédrale, voire à Notre-Dame même. Les sons des cloches rythmaient la liturgie et servaient aussi de repères aux horaires de travail. Périodiquement refondues, elles ponctuent toujours les grands événements (mariages royaux, victoires militaires, hommage aux victimes du terrorisme). L'orgue aux 8000 tuyaux, livré en 1868, acquiert au XXe siècle une notoriété mondiale grâce à ses organistes, et à la comédie musicale à succès *Notre-Dame de Paris*, s'inspirant du roman de Victor Hugo et jouée partout dans le monde.

Clavier et pédalier du grand orgue de Notre-Dame de Paris.

Graduel *Sederunt principes...* (*Les princes siègeront...*), pour la fête de saint Étienne le 26 décembre, *Gradualis de tempore Ecclesiae Parisiensis*, par Étienne Compardel (enlumineur), 1669

Ange sonnant la trompe : « Et il enverra ses anges avec une trompette retentissante, et ils rassembleront ses élus des quatre vents, d'une extrémité à l'autre des cieux » (Matthieu 24,31).

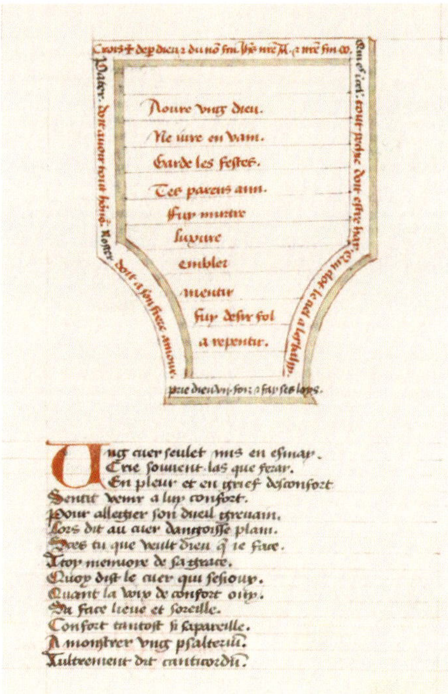

Les angelots musiciens sculptés de la clôture sud du chœur, qui chantent en s'accompagnant de leurs instruments, rappellent l'intense activité musicale qui régnait jour et nuit à l'intérieur du chœur, lors de la liturgie des heures, des célébrations anniversaires des morts et des messes au grand autel.

Jean Gerson, théologien, chancelier de l'Église et de l'université (1395-1429), est l'auteur d'un règlement pour les enfants de chœur de la cathédrale et d'un *Psaltérion mystique*. À chacune des dix cordes de cet instrument biblique, celui du roi David, correspond un affect de l'âme, afin d'atteindre l'harmonie intérieure.

Ange sonnant la trompe au faîte du pignon de la nef de Notre-Dame de Paris, XIVe siècle.

Joueur de cornemuse et joueur de luth, pierre sculptée et peinte, mur sud de la clôture du chœur, première moitié du XIIIe siècle.

Psaltérion mystique de Jean Gerson dans *Opuscula varia*, parchemin.

Je songeais à part moi en parcourant les salles à ce que serait une exposition organisée par les Papous de Polynésie qui auraient pu saisir et emporter le trésor de Notre-Dame.

Maurice Garçon, *Journal*, 13 octobre 1940

Statue de la Vierge, offerte à la cathédrale en 1826 par Charles X, sculpture en argent d'Odiot.

Reliquaire de la Vraie Croix porté par deux anges, XIVe siècle, argent doré et émail, provenant de l'église de Jaucourt (Aube), conservé au musée du Louvre.

Reliquaire d'une compagne de sainte Ursule, noyer doré et argenté, XVe siècle, Trésor de Notre-Dame.

La Visitation, tapisserie qui illustre la visite de Marie à Élisabeth, est l'une des quatorze pièces de la tenture de *La Vie de la Vierge*. À l'origine, ces tapisseries avaient été commanditées par le cardinal de Richelieu pour décorer le chœur de Notre-Dame les jours de fête, à la suite de la consécration de la France à la Vierge par Louis XIII en 1638. Tissées en l'espace de vingt ans, elles mesuraient entre 4,70 et 4,90 mètres de haut sur 5,37 et 6,23 mètres de large. En 1739, après la réorganisation architecturale et liturgique de l'espace du chœur par les travaux de Robert de Cotte, les tapisseries furent vendues aux chanoines de la cathédrale de Strasbourg, où désormais, chaque année durant l'Avent, elles sont suspendues dans la nef.

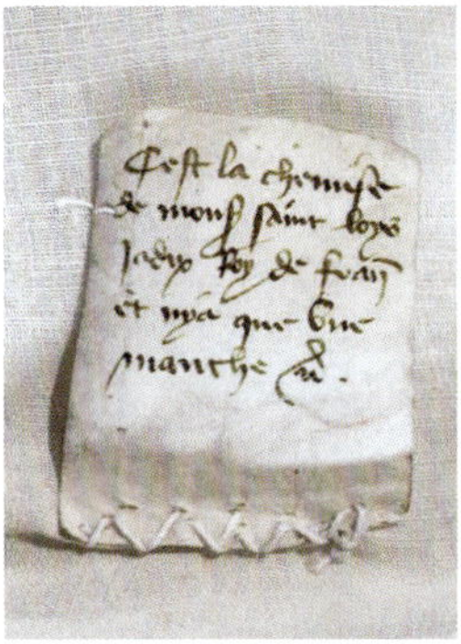

Les reliques étaient accompagnées de notes qui les authentifiaient. Sur un morceau de parchemin cousu à la chemise du roi saint Louis (canonisé en 1298) est écrit : « C'est la chemise de monseigneur saint Loys jadix roy de France et n'y a que une manche - *Nota* ». La discipline, fine chaîne de métal avec laquelle le confesseur de saint Louis rapporte que le roi s'autoflagellait par pénitence, est également conservée, dans un étui en ivoire, au Trésor de Notre-Dame.

Scène de la Visitation, tapisserie de la tenture de *La Vie de la Vierge* commandée par Richelieu pour Notre-Dame de Paris et réalisée entre 1640 et 1657.

Chemise en lin de saint Louis, dite aussi la « tunique de saint Louis » et son inscription sur parchemin, XIIIe siècle, Trésor de Notre-Dame.

La couronne d'épines faisait partie des reliques acquises par Louis IX auprès de l'empereur de Constantinople, qui les avait engagées auprès de marchands vénitiens. D'abord conservées à la Sainte-Chapelle, les reliques furent déposées, à la Révolution, à la Bibliothèque nationale comme documents historiques et le métal précieux de leurs reliquaires fut fondu. Le 26 octobre 1804, peu avant le sacre de Napoléon, la couronne d'épines fut transférée à Notre-Dame. Lors de la rénovation de la cathédrale par Viollet-le-Duc, un nouveau reliquaire fut réalisé, après deux ans du travail de vingt ouvriers.

Trésors

Candélabres, calices, patènes et autres ornements du service quotidien en or, argent ou métal noble étaient rangés dans les armoires du chœur. Les plus précieux, en usage aux fêtes, étaient gardés au Trésor, entre le flanc sud de la cathédrale et la tour du palais épiscopal. Le Trésor conservait aussi d'autres trésors : les reliquaires, les livres richement décorés, les tissus et les tapisseries, et tout ce qui était nécessaire aux chanoines de Notre-Dame, à leurs droits et à sa mémoire : titres de propriété, bulles pontificales, privilèges royaux, registres de délibérations du chapitre. Les clés du Trésor étaient confiées à un gardien, et celles du coffre aux monnaies, doté de trois serrures, à trois chanoines différents. L'endroit était jugé suffisamment sûr pour que la municipalité de Paris demande, en 1350, à y entreposer la recette des impôts de la ville. Utilisé comme réserve de métaux précieux au cours des siècles, le Trésor dans son état actuel n'est pas antérieur au XIXe siècle.

Reliquaire de la sainte couronne d'épines, par E. Viollet-le-Duc (dessinateur), Placide Poussielgue-Rusand (orfèvre) et Adolphe-Victor Geoffroy-Dechaume (sculpteur), 1862, orfèvrerie et pierres précieuses.

La sainte couronne d'épines, acquise en 1238 par Louis IX pour la Sainte-Chapelle du palais royal de la Cité.

DIE XXVI. DECEMBRIS.

IN FESTO SANCTI STEPHANI PROTOMARTYRIS.

INTROITUS. I.

Ederunt principes, & adversum me loquebãtur:

Figure de la grosse Cloche de N-Dame de Paris, fondüe sur le Terrein, le 31. Octob. 1681.

Du Regne de Louis le Grand Et du Pontificat de François de Harlay Archeuesque de Paris Duc et Pair de France.

Cette Cloche à esté faite pour occuper la place de celle qui auoit esté benie sous le nom de S^{t}. Jacques, & qui auoit esté donnée par le Comte de Montaigu, auant l'an 1400. Elle à 9. p^{ds}. de haut sur 25. p^{ds}. 3 p^{ces}. de tour par le bas, 9. p^{ces}. d'épaisseur, son poids est

J'étais moi-même debout dans la foule, près du second pilier à l'entrée du chœur à droite du côté de la sacristie. Et c'est alors que se produisit l'événement qui domine toute ma vie. En un instant mon cœur fut touché et je crus.

Paul Claudel, *Contacts et circonstances*, 1940 (25 décembre 1886)

Les chanoines parcourent régulièrement l'espace urbain avec les châsses contenant des reliques, afin de formuler des vœux pour la fin d'une épidémie, l'amélioration du climat ou de la santé du roi, ou encore fêter une grande victoire. Selon un protocole strictement défini, ils sont accompagnés par l'évêque de Paris, par des membres des corps de l'État et des communautés religieuses.

En 1414, le chevalier Antoine des Essarts, chambellan du roi Charles VI, avait fait installer, avec l'accord du chapitre, une statue monumentale (9 mètres de haut) de saint Christophe à l'entrée de la nef de Notre-Dame. Fait exceptionnel pour un laïc, il avait aussi obtenu de se faire représenter en prière à côté de la statue. Attraction majeure pour les visiteurs de Paris dès son installation, la statue fut détruite en 1784.

La miniature, extraite du *Livre de vie active de l'Hôtel-Dieu de Paris* (1482) de Jean Henry, chantre de l'Église et proviseur de l'Hôtel-Dieu, montre le soin des malades. Par la taille et les habits, on distingue les sœurs, plus grandes en habit noir, les novices, plus petites en habit et voile blanc, et les profès, un peu plus grandes avec un voile noir. En 1478, 303 lits sont recensés, dans lesquels il était courant d'aliter deux personnes, parfois trois en temps d'épidémie.

L'Auguste Procession de la châsse de sainte Geneviève en l'église de Notre-Dame, le 27 mai 1694, 1695, eau-forte et burin.

Antoine des Essarts en prière en haut d'une colonne de Notre-Dame de Paris, XIXe siècle, dessin d'Alfred Bonnardot.

Une salle de l'Hôtel-Dieu de Paris, 1482, miniature anonyme.

Pierre le Mangeur enseignant, enluminure sur parchemin, vers 1415-1420.

Messe à Notre-Dame de Paris pour la victoire de 1918, 1918, huile sur toile de Francis Luis Mora.

Le bourdon Emmanuel, d'un poids de 12,8 tonnes, a été refondu pour la dernière fois le 4 mars 1686. Il est classé monument historique par arrêté du 24 juillet 1944.

Bourdon Emmanuel dans la tour sud de Notre-Dame de Paris.

Maîtrise Notre-Dame de Paris, direction Henri Chalet, octobre 2017.

Figure de la grosse cloche de Notre-Dame de Paris fondue le 31 octobre 1681, dans *Recueil d'images de Nicolas Chapelle*, gravure au burin.

De 1455 à 1790, les enfants du chœur de Notre-Dame ont habité l'hôtel Roger de Gaillon, visible au 8 rue Massillon. Instruits par leurs maîtres de musique et de latin, ils commençaient une carrière parfois longue de cinquante ou soixante ans, successivement chef des enfants (« spé »), clerc chanteur (« clerc des matines »), soliste (« machicot »), puis « compagnons du chœur » en tant que chanoines des églises Saint-Jean-le-Rond et Saint-Denis-du-Pas. Les chœurs actuels perpétuent la tradition du répertoire médiéval et moderne de Notre-Dame.

L'AUGUSTE PROCESSION DE LA CHASSE DE Ste GENEVIEVE, EN L'EGLISE DE NOTREDAME,
Le 27 May 1694, Pour obtenir de DIEU par l'Intercession de cette grande Sainte, le temps propre pour les biens de la terre,
Et pour les autres besoins de l'eglise et de l'estat.
l'hotel Dieu
Eglise Notre Dame
les Iacobins
les Augustins
Les Carmes
Le Guet
S. Aure
Ch. S. Honore
S. Opportune
S. Landry
Ch. S. Paxan
Chasse de St Clement
Mrs de St Marcel et St Germain de Lauxerois
Les Huissiers du Chastelet
Chasse de Ste Geneviefue
Chasse St Marcel
Mrs les Lieutenans Ciuil et Criminel et Mrs les Auocat et Procureur du Roy du Chatelet
M. de Notre Dame Accompagnez des Chapitres qui en deppendent
du Parlement et des Cours Souveraines
Archevesque de Paris

Ce tableau représente le chanoine Antoine de La Porte à la fin de sa messe, en présence de deux femmes, d'une enfant et de plusieurs hommes, dont un noble. Le tableau fut commandé par le chapitre de Notre-Dame pour honorer la mémoire du chanoine, qui avait fêté ses 50 ans de canonicat en 1708, en remerciement de son don effectif de 19000 livres au roi Louis XIV pour l'achèvement des travaux du chœur. Le cercueil en plomb du chanoine, décédé le 24 décembre 1710, a été découvert sous la croisée du transept de Notre-Dame en février 2022.

Lieu sacré, lieu profane

La cathédrale et son parvis marquent le centre spirituel et géographique de la capitale et de la France entière. Lieu du culte quotidien et des grandes cérémonies liturgiques et politiques, Notre-Dame est aussi un lieu intellectuel : les chanoines médecins, juristes, théologiens ou scientifiques de toutes disciplines enseignaient à l'Université, avaient la responsabilité du choix des maîtres dans les écoles de la ville, prenaient en charge l'éducation des enfants trouvés ou abandonnés, tel Jean d'Alembert, mathématicien et co-directeur avec Denis Diderot de la grande *Encyclopédie ou Dictionnaire raisonné des sciences, des arts et des métiers*. Voisin de la cathédrale, l'Hôtel-Dieu était le plus grand hôpital du royaume où malades et indigents étaient soignés. Sur le parvis, les foires aux lards et aux oignons, le marché aux volailles, les étals de cierges et les cérémonies de pénitence publique des hérétiques ont désormais laissé la place à la foule des touristes venus du monde entier.

Par des lettres patentes du roi Louis XV du 22 avril 1769, il est décidé de faire graver au parvis le point central de la ville, appelé « premier mille », qui sert de référence pour mesurer les distances sur les grandes routes du royaume.

La Messe du chanoine de La Porte, vers 1710, huile sur toile de Jean Jouvenet (Paris, musée du Louvre).

Plaque du « Point Zéro des Routes de France », inaugurée en 1924 sur le parvis de Notre-Dame de Paris.

Après la prise de la Bastille, les révolutionnaires tentent de récupérer l'aura de Notre-Dame. L'archevêque de Paris bénit les 60 drapeaux de la Garde nationale parisienne. Des *Te Deum* marquent les temps forts de la Révolution : accord entre le roi et la nation, 14 février 1790 ; Constitution, 25 septembre 1792… Lorsque le culte catholique est aboli en 1793, la cathédrale devient temple de la Raison. Les statues des rois et des saints de la façade sont mutilées.

Un son grave, splendide : le bourdon de Notre-Dame. Le son s'enfle et s'étend en une onde bienfaisante sur la ville endolorie qui flambe encore. De notre balcon, nous écoutons cette voix qui s'est tue si longtemps et qui renaît dans Paris délivré.

Catherine de Saint-Pierre (alias Odette Lainville), *Des ténèbres à l'aube : journal d'une Française*, Paris, 10 août-10 septembre 1944, 1945

Funérailles d'Anne de Bretagne [février 1514], vers 1515, miniature sur parchemin.

Entrée d'Henri IV à Paris, le 22 mars 1593, gravure de Jean Le Clerc d'après une peinture de Nicolas Bollery.

Médaille en or représentant Anne d'Autriche et son fils Louis XIV, en commémoration du vœu de dédicace du royaume à la Vierge, le 10 février 1638, par Jean Varin.

Te deum chanté et *serment de fidélité à la Nation par la Garde nationale le 14 février 1790*, eau-forte anonyme.

Le quartier de Notre-Dame était un haut lieu d'enseignement durant tout le Moyen Âge. Certains chanoines furent de célèbres professeurs comme Pierre le Mangeur, qui devait son surnom à sa voracité pour les livres. Avec la création de l'université au XIIIe siècle et la fondation de dizaines de collèges au XIVe siècle, les enseignements se déplacent vers la rive gauche, mais Notre-Dame demeure un important pôle d'étude et de recherche par l'activité scientifique des chanoines.

À son arrivée en armes à Notre-Dame, Henri IV renouvelle l'abjuration de la foi protestante qu'il vient de faire à l'abbatiale de Saint-Denis. Cette entrée dans Paris puis à Notre-Dame marque la fin des guerres de religion en France. L'événement rappelle l'attachement permanent des rois de France à l'église-mère du diocèse de la capitale, mais sa portée politique illustre le rôle extraordinaire que joue la cathédrale dans la mémoire nationale. Le 26 juin 1944, lors de la libération de Paris, le général de Gaulle entre solennellement dans Notre-Dame après avoir descendu les Champs-Élysées.

Les rois de France sont enterrés à Saint-Denis, mais la cathédrale Notre-Dame s'affirme dès la fin du Moyen Âge comme lieu de cérémonies funèbres nationales pour les rois, les reines, les hommes d'État, les hommes de guerre (Turenne 1675, Grand Condé 1687, Foch 1929, Joffre 1931, Leclerc 1947, Juin 1967), des écrivains (Paul Claudel 1955) et des explorateurs (commandant Charcot 1936). C'est aussi un lieu mémoriel au-delà de la religion et du culte. Au lendemain de la Seconde Guerre mondiale, en 1948, une cérémonie à la cathédrale en l'honneur de l'ONU y est organisée par l'État français.

Le couronnement comme roi de France du jeune Henri VI d'Angleterre, fils du vainqueur d'Azincourt, après son entrée solennelle dans Paris, le 2 décembre 1431, est l'unique sacre royal jamais célébré à Notre-Dame.

Couronnement d'Henri VI d'Angleterre à Notre-Dame de Paris le 16 décembre 1431, miniature du manuscrit des *Anciennes chroniques d'Angleterre* de Jean de Wavrin, vers 1480-1490.

Blindés à l'attaque sur le parvis de Notre-Dame, Libération de Paris, 1944, photographie.

Une mémoire nationale

Jeanne d'Arc comme Louis Pasteur furent célébrés à Notre-Dame : la cathédrale est une mémoire de la France et des grandes figures de son histoire nationale. Sous l'Ancien Régime, rois et reines s'y rendaient au terme de leur première entrée dans la capitale du royaume. Les sacres y furent rares – Henri VI d'Angleterre, âgé de dix ans, y est couronné roi de France le 16 décembre 1431, Napoléon y est sacré empereur le 2 décembre 1804 –, mais nombreuses furent les cérémonies de baptême, mariage et funérailles qui s'y déroulèrent, avant et après la Révolution. Même après 1905 et la loi de séparation entre l'Église et l'État, reste l'usage d'y procéder à des hommages officiels, voire à des funérailles nationales, pour des présidents ou d'anciens présidents de la République, comme cela fut le cas pour Raymond Poincaré (1934), Georges Pompidou (1974) et François Mitterrand (1996). Ce condensé de mémoires explique, sans doute en partie, l'émotion suscitée par l'incendie d'avril 2019.

Le chef du Gouvernement provisoire de la République française, le général de Gaulle, s'entretient devant Notre-Dame avec le chef de la 2e Division Blindée, le général Leclerc, entré la veille dans Paris libéré, le vendredi 25 août 1944. Pendant qu'ils assistaient à une cérémonie dans la cathédrale, des coups de feu d'origine inconnue furent encore tirés sur la foule massée sur le parvis.

Le Sacre de S.M. l'Empereur Napoléon, dans l'église métropolitaine de Paris, le XI frimaire an XIII [2 décembre 1804], gravure de l'Imprimerie nationale, 1804.

Statue de Jeanne d'Arc, de Jean Cléophas Desvergnes, inaugurée le 7 mai 1921 dans la chapelle Saint-Denis de Notre-Dame.

Libération de Paris : le général Charles de Gaulle et le général Jacques-Philippe Leclerc de Hauteclocque devant Notre-Dame de Paris, 26 août 1944, photographie de l'Agence LAPI.

La cathédrale en feu, le 15 avril 2019.

Le sacre de Napoléon opère la synthèse entre l'héritage monarchique et révolutionnaire. Pour cette cérémonie grandiose, l'espace de la cathédrale est réaménagé avec trois étages de tribunes.
Le pape est assis devant le grand autel, tandis qu'à droite, Napoléon, debout, se couronne lui-même. Joséphine de Beauharnais, agenouillée, est couronnée impératrice par son époux quelques instants plus tard.

C'est au grand autel de Notre-Dame en 1455 que la mère de Jeanne d'Arc vint déposer la demande de réhabilitation de sa fille, brûlée pour hérésie en 1431. Avec saint Louis, Jeanne est instituée patronne de la France. Des fêtes sont organisées dans la cathédrale pour sa béatification en 1909, sa canonisation en 1920 et, le 8 mai 1921, pour la première fête nationale de Jeanne d'Arc et du patriotisme.

Ce pays que j'avais construit en moi, à partir de mes lectures, de mes images, de mes fantasmes, me devenait terre et lumière [...], Notre-Dame, tel un aimant, me tenait immobile de longues heures sur le parvis...

Gisèle Halimi, *Le lait de l'oranger*, 1988

Station centrale des aéronefs à Notre-Dame, illustration d'Albert Robida, dans *Le* XX*e siècle. La Vie électrique*, vers 1890.

Publicité pour les soldes des grands magasins de mode « A Notre-Dame de Paris », Rio de Janeiro, 1900, lithographie.

Affiche pour la compagnie British European Airways, 1953.

Dès sa construction, Notre-Dame fascine. De Chypre à Uppsala en Suède, les archevêques recrutent des architectes et des maçons français afin d'en copier l'architecture. La galerie des rois de la façade occidentale est reprise à Chartres, Amiens et Reims. Notre-Dame est le monument parisien le plus représenté dans les enluminures du XVe siècle, où elle s'impose comme l'archétype de la cathédrale gothique avec ses deux tours carrées (*Très Riches Heures* du duc de Berry, *Heures* d'Étienne Chevalier par Jean Fouquet).

Dans son roman d'anticipation écrit en 1890, l'écrivain et dessinateur Albert Robida imagine un Paris de 1952 bouleversé par les innovations technologiques, telles que le téléphonoscope ou le ballon transatlantique. Au moment où le tourisme se développe dans la capitale, le « Jules Verne du crayon » transforme Notre-Dame en station pour aéronefs. Ses tours, surmontées d'une horloge et d'un restaurant panoramique, accueillent une plateforme pour véhicules aériens fantaisistes. L'antique cathédrale gothique entre dans l'âge industriel, en se dotant de structures métalliques semblables à celles de sa voisine, la tour Eiffel.

Par l'harmonie de ses proportions, son jeu de lignes verticales et horizontales et sa géométrie (un cercle dans un carré selon l'architecte Le Corbusier), la façade occidentale de Notre-Dame s'impose dans l'imagerie artistique et commerciale du XXe siècle comme emblème de Paris et de la France. Elle se duplique et se réplique dans le monde entier, depuis les guides touristiques jusqu'aux publicités des grands magasins de Rio de Janeiro, en passant par les affiches de la compagnie aérienne British European Airways.

RESTAURATION
HOUSE
CAFE RESTAURANT

Le roman de Victor Hugo et ses adaptations contribuent à la notoriété mondiale de Notre-Dame. Jacques Prévert coécrit les dialogues de la superproduction franco-italienne de 1956, avec Gina Lollobrigida en Esméralda. En 1996, le film d'animation des studios Disney propose de vertigineuses perspectives de la cathédrale. Quant à la comédie musicale créée en 1998, elle est jouée dans plus de 20 pays et adaptée en 8 langues.

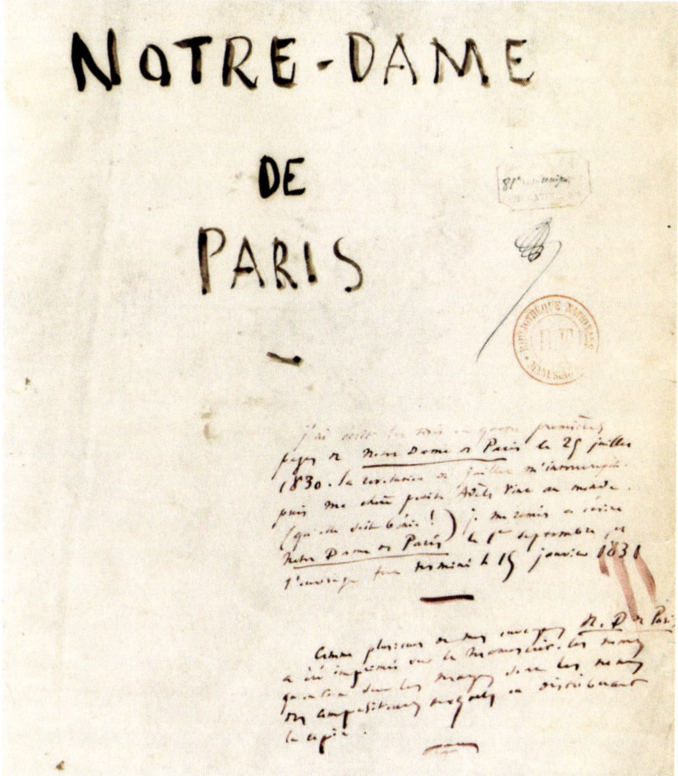

Notre-Dame, une icône

Le roman de Victor Hugo, paru en 1831, puis l'avènement de Paris comme capitale incontestée des arts en Europe, depuis le milieu du XIXe siècle jusqu'aux années 1960, ont contribué à installer Notre-Dame de Paris au centre de l'imaginaire collectif. Aux XXe et XXIe siècles, la cathédrale est devenue une icône planétaire grâce au développement du tourisme de masse et aux nouveaux outils de communication comme la photographie, le cinéma ou la télévision qui propagent immédiatement textes et images dans le monde entier. Films, chansons, mode, manifestations culturelles et jeux vidéo ont été aimantés par le site, classé au patrimoine mondial de l'Unesco en 1991, par son histoire et les mythes qui y sont attachés. L'émotion considérable causée par le désastre du 15 avril 2019, et la mobilisation internationale qui a suivi, ont permis d'entreprendre des chantiers scientifiques et des collaborations techniques qui, outre sa reconstruction, ouvrent une ère nouvelle de son histoire.

Gina Lollobrigida dans le film *Notre-Dame de Paris*, de Jean Delannoy, 1956, photographie de Walter Crone pour *Paris-Match*.

Auguste Vaquerie, admirateur de Victor Hugo et pour qui les tours de Notre-Dame traçaient le H de Hugo, caricaturé par Gill, une de *L'Éclipse*, 3 novembre 1872.

Victor Hugo, Page de titre autographe de son roman *Notre-Dame de Paris*, 1830-1831.

PRICE $8.99
THE NEW YORKER
APRIL 29, 2019

Dans la peinture et la photographie, Notre-Dame se décline sous tous les points de vue : en arrière-plan de *La liberté guidant le peuple* de Delacroix en 1830 ou depuis une gargouille croquant la tour Eiffel chez Doisneau en 1969. Dans une toile de Paul Signac, l'église mordorée se détache d'un ciel de confettis roses et se reflète dans la Seine. Picasso s'affranchit de la perspective faisant danser les immeubles, le pont et la cathédrale.

La une du *New Yorker* témoigne de l'émotion patrimoniale suscitée par l'incendie. La composition figure la sombre et imposante silhouette de la cathédrale, illuminée par le brasier. Mais cet embrasement peut aussi être interprété comme les premières lueurs de l'aube. « Des flammes peuvent venir une renaissance », a déclaré l'illustrateur Bob Staake. Plus de 340 000 donateurs issus de 150 pays ont contribué au financement de cette renaissance.

Pablo Picasso, *Notre-Dame de Paris*, 25 octobre 1954, huile sur toile.

Paul Signac, *La Cité, Paris*, 1934, huile sur toile.

Une du *New Yorker*, 29 avril 2019.

La cathédrale révélée. Connaître et restaurer Notre-Dame

Depuis l'incendie de 2019, Notre-Dame est le lieu d'un double chantier : le chantier de restauration au calendrier contraint et le chantier scientifique, qui vise sur une plus longue durée à reconstituer l'histoire complexe du bâtiment.

Lieu de culte multiséculaire et site patrimonial visité par des millions de touristes, la cathédrale n'avait jamais fait l'objet d'une étude globale, tant son architecture et ses décors étaient difficilement accessibles. En partie détruite – et donc livrant un véritable écorché de sa structure –, vidée de son mobilier et entièrement échafaudée, Notre-Dame s'offre sous une lumière nouvelle. Bien qu'elle incarne une forme de permanence dans l'histoire et la mémoire nationales, cette image d'immuabilité est trompeuse. Millefeuille historique, la cathédrale n'a cessé de se transformer : les innovations techniques ont fait évoluer son architecture, les outrages du temps ont entraîné de multiples restaurations, les évolutions des usages liturgiques, mais aussi des goûts esthétiques ont conduit à la modification des espaces et décors intérieurs. Ainsi les vitraux médiévaux colorés ont été remplacés par des vitreries blanches au XVIIIe siècle, avant de retrouver leurs couleurs au XIXe siècle à l'instigation de Viollet-le-Duc et de Lassus. Si le choix a été fait, après l'incendie, d'une restauration à l'identique des parties disparues de l'édifice, l'église qui se dévoile au fil du chantier est inédite à bien des égards, tant les découvertes sont nombreuses.

Sauvegarder et collecter les données

Aux lendemains de l'incendie, près de 1300 objets sont évacués de la cathédrale, parmi lesquels le trésor reconstitué au XIXe siècle, les tableaux monumentaux (dont les Mays peints entre 1630 et 1707), les tapis et certaines statues (Vierge à l'Enfant, XIVe siècle). Dans un environnement pollué par le plomb, les scientifiques ont trié et sauvegardé les centaines de tonnes de matériaux effondrés au sol et sur les voûtes, à l'aide de robots et de cordistes. 650 palettes de pierre, 350 de métal, 10 000 bois ont été prélevés, classés et stockés pour être

Voûtes endommagées pendant l'incendie, 3 juillet 2019.

inventoriés, car ils constituent de véritables vestiges archéologiques.

La flèche, la toiture et la charpente ont été détruites par l'incendie. La plupart des voûtes ont résisté, mais certaines (croisée du transept...) se sont effondrées à la suite de la chute d'éléments des parties hautes. En apparence préservés, les murs et les arcs-boutants ont été fragilisés par les flammes et par la montée en température, qui a entraîné des modifications physico-chimiques des pierres et des mortiers (éclatement, fissuration, déshydratation). L'eau déversée par les pompiers s'est infiltrée dans les microfissures naturelles et dans les joints. La disparition de la toiture et de la charpente a perturbé la stabilité de l'édifice, qui a fait l'objet d'opérations de cintrage pour éviter les effondrements.

Restaurer la cathédrale suppose de disposer d'informations précises, or ces données sont parcellaires et lacunaires. Ainsi la charpente, surnommée « la forêt », était très mal connue jusqu'en 2015. Constituée de quatre ensembles, deux datant du Moyen Âge (nef et chœur) et deux reconstruits au XIXe siècle (bras du transept et flèche), cette charpente composite avait fait l'objet, dans les années 1990, de prélèvements par carottage, mais, en raison du caractère destructif de la méthode, aucune autre étude du bois n'avait pu être entreprise. La restitution de la charpente et de ses assemblages a été permise grâce au relevé architectural de deux étudiants de l'école de Chaillot en 2015, dont l'un, Rémi Fromont, est désormais architecte en chef des monuments historiques, en charge de la restauration avec Pascal Prunet, auprès de Philippe Villeneuve. L'étude des bois carbonisés permettra de proposer une chronologie fine, en distinguant les éléments de la charpente médiévale des éléments postérieurs, en fonction de la

Vestiges d'un échafaudage en place avant l'incendie de la cathédrale, 25 juin 2019.

qualité d'équarrissage ou de la patine des bois, et de comprendre ainsi sa structure et sa mise en œuvre. De même, les vitraux ont une histoire complexe. Dans la rose occidentale, les vitraux d'origine datent des années 1230 ; ils ont été restaurés au XVIe siècle, puis en 1731 lors de l'installation du buffet d'orgue. En 1854, les peintres verriers ont refait des médaillons dans le style du XIIIe siècle. L'authentification des vitraux de la période médiévale se fondait jusqu'alors sur une étude de Jean Lafond de 1959, établie à partir d'une observation à la jumelle, depuis le sol de la cathédrale. Grâce à la dépose du mobilier et aux échafaudages, les historiens de l'art ont pu observer au plus près les vitraux et les cartographier, en identifiant les pièces d'origine, les pièces déplacées et rapportées ainsi que la manière dont ont travaillé les maîtres-verriers du XIXe siècle, comme Laurent-Charles Maréchal, dit Maréchal de Metz.

Le chantier de restauration a été l'occasion d'une grande collecte de données sur la cathédrale (archives, photographies, relevés photogrammétriques, etc.) afin d'établir des plans d'assemblage. Pour comprendre la provenance des matériaux, il faut aussi comparer leur composition et leur signature physico-chimique avec celles de matériaux trouvés par les archéologues sur différents lieux de production (ateliers, mines, carrières) et rassemblées au sein de bases de données. Le chantier scientifique s'organise en neuf groupes de travail thématiques : bois et charpente, métal, pierre, décor monumental, verre, structure (comprendre le rôle de chaque matériau dans le comportement global du monument), numérique (collecte et modélisation des données), émotions et mobilisation (étude anthropologique des réactions à l'incendie) et acoustique (restitution des paysages sonores). Parallèlement, des historiens et des conservateurs de bibliothèque travaillent sur la documentation textuelle médiévale (archives des chanoines et livres de leur bibliothèque - projet *e*-NDP).

Prouesses techniques des bâtisseurs du Moyen Âge

Le chantier de restauration permet des études inédites de la matière (bois, pierre, fer, plomb), de sa provenance, de la manière dont elle a été obtenue, mise en forme, utilisée et altérée. Les archéologues scrutent la surface des pierres et des bois afin de repérer les traces des outils (par exemple sur les pierres taillées), recourent à l'archéologie expérimentale (en reproduisant les gestes des tailleurs de pierre, forgerons ou charpentiers). Les composés des matériaux sont étudiés : l'analyse des impuretés piégées dans les alliages ferreux nous renseigne par exemple sur les procédés de production (bas fourneaux) et leur recyclage. Il est ainsi possible de dater les différentes phases de construction, mais aussi d'analyser l'évolution des techniques au cours du chantier et les prouesses réalisées par les bâtisseurs.

Ainsi l'effondrement de certaines voûtes a révélé leur extrême minceur. Alors que les voûtes sexpartites du chevet de la cathédrale de Sens (années 1130-1140) sont épaisses de plus de 30 centimètres, celles du chevet de Notre-Dame forment un voile de pierre de 15 centimètres d'épaisseur. La cathédrale est l'aboutissement des expérimentations des bâtisseurs au fil des chantiers : avec ses voûtes plus hautes, plus larges et plus fines, Notre-Dame bat des records de hauteur (31-33 mètres sous voûte, quand Sens s'élève à 24 mètres), dépasse les bâtiments contemporains et inaugure la série des cathédrales géantes, culminant avec Cologne et ses 48 mètres sous voûte. Vers 1225, alors que les tours sont encore en construction, le plan de la cathédrale est révisé, notamment pour accroître encore la hauteur et faire entrer plus de lumière. La première charpente édifiée sur le chœur en 1185 est démontée, les murs rehaussés de plusieurs mètres pour doubler la hauteur des fenêtres hautes, et la charpente reconstruite en réemployant les éléments de celle de la fin du XIIe siècle. Les charpentiers se sont livrés à une intense recherche technique : entre la charpente de la partie ancienne du chœur et celle de la nef, les types d'assemblage ont évolué pour adapter la charpente à la monumentalité de l'édifice gothique et répondre aux charges transversales exercées par la toiture en plomb de plusieurs centaines de tonnes.

Autre découverte : alors qu'on connaissait le rôle du fer dans la construction des cathédrales du XIIIe siècle (Bourges, Chartres), on ignorait jusqu'alors son rôle prépondérant dans les chantiers de la seconde moitié du XIIe siècle. Les archéologues ont mis au jour des armatures de fer, des agrafes, masquées par les pierres ou la charpente, qui relient les pierres entre elles et forment un squelette de métal, empêchant les déplacements et contrebalançant les poussées exercées sur la structure. La datation par le carbone 14 permet de distinguer les agrafes contemporaines de la construction des ajouts ultérieurs, destinés à consolider les murs. L'analyse des joints de mortiers - composés de chaux mélangée au sable de la Seine - a, quant à elle, montré comment ils participaient à la stabilité mécanique de la cathédrale et avaient contribué à la préservation des murs durant l'incendie. Depuis huit siècles, Notre-Dame a résisté aux vents, aux crues et aux vibrations du métro grâce à ses maçonneries, qui confèrent une certaine souplesse à l'édifice. Alors que Viollet-le-Duc avait utilisé du plâtre et de la chaux pour les travaux du XIXe siècle, les nouvelles pierres ont été assemblées avec du mortier, comme au Moyen Âge.

Notre-Dame (re)découverte

Avant d'ériger l'échafaudage de 96 mètres de haut et de 600 tonnes pour la reconstruction de la flèche de Viollet-le-Duc, une fouille d'archéologie préventive a été réalisée pour identifier les niveaux menacés dans leur conservation (niveaux de sol, occupation funéraire). Lors de cette fouille, les archéologues ont mis au jour des vestiges exceptionnels. Ils ont extrait plus de 1000 fragments du jubé médiéval, érigé vers 1230, qui séparait le chœur, réservé au clergé, de la nef, accessible aux fidèles. On n'en connaissait jusqu'à présent que quelques éléments, exhumés lors des travaux du XIXe siècle. Ces sculptures polychromes représentent la Passion du Christ, sous la forme d'un véritable mur d'images, dont il va être possible de restituer en partie l'iconographie.

Par ailleurs, plusieurs sépultures ont été exhumées, dont deux cercueils anthropomorphes en plomb. Au Moyen Âge et à l'époque moderne, il n'était pas rare que les élites se fassent inhumer à proximité du chœur, l'espace le plus sacré de la cathédrale. L'un des cercueils est celui d'Antoine de La Porte (1627-1710), un chanoine de la cathédrale dont la donation de 19000 livres permit l'achèvement de la transformation du chœur, au XVIIIe siècle. L'autre cercueil renferme un homme, décédé d'une méningite chronique tuberculeuse dans sa quatrième décennie, embaumé par ouverture du crâne et du thorax, et qui aurait pratiqué l'équitation. Il pourrait s'agir de

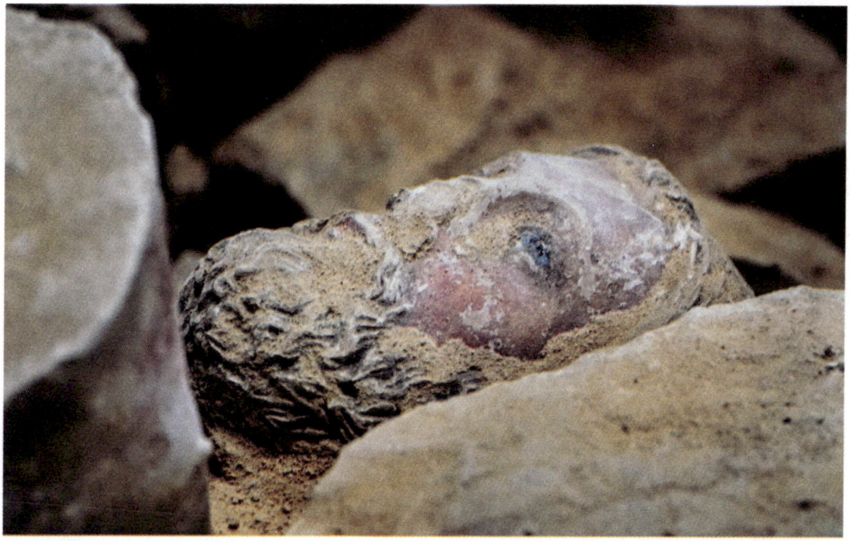

Joachim du Bellay, décédé dans le cloître le premier janvier 1560.

Parallèlement aux fouilles archéologiques, des historiens exploitent aussi les documents produits par les chanoines au Moyen Âge, en particulier les registres de délibérations faites lors de leurs réunions trihebdomadaires. Le recours à l'intelligence artificielle a permis de transcrire de manière automatisée ces manuscrits, écrits en latin, et d'en extraire des informations capitales pour l'histoire de la cathédrale : décisions sur les travaux à effectuer dans l'église, sur l'entretien du décor et du mobilier, mais aussi sur la vie quotidienne dans l'île de la Cité, sur la manière dont les chanoines gèrent leurs possessions ou encore réglementent les activités marchandes sur le parvis de l'église... Autant d'informations qui permettent d'étudier la cathédrale, et plus largement Paris, sous des angles radicalement nouveaux.

Restaurer Notre-Dame

Les chartes internationales en matière de restauration des monuments historiques (charte de Venise, 1964) et les services des monuments historiques préconisent de restituer le dernier état connu lorsqu'il est bien documenté. L'architecture extérieure de Notre-Dame a été restaurée à l'identique, tant dans sa forme que dans les matériaux (pierre calcaire, chêne et plomb). Le chantier a mobilisé un millier de compagnons, d'artisans d'art et d'encadrants, des tailleurs de pierre aux ingénieurs de bureau d'études, en passant par les serruriers d'art.

La restauration de la flèche, chef-d'œuvre de la charpenterie et de la plomberie d'art du XIXe siècle, a constitué un défi technologique, mais s'est appuyée sur des données fiables (plans de Viollet-le-Duc, photographies et relevés récents). La restitution quasiment archéologique des charpentes

Tête avec polychromie, provenant du jubé médiéval retrouvé lors des fouilles précédant la restauration de la cathédrale incendiée.

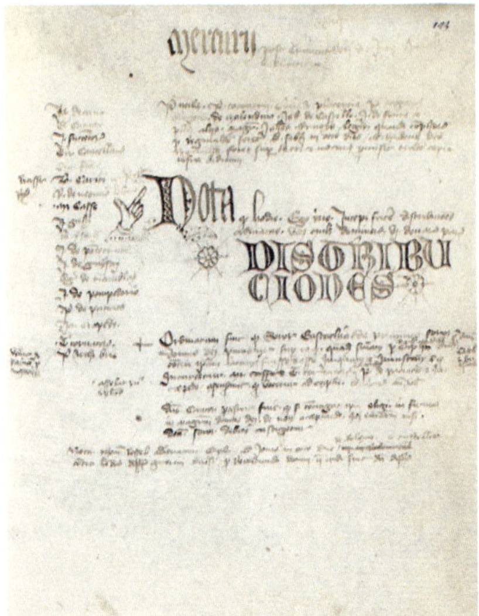

de la nef et du chœur a été possible, grâce au relevé de 2015 mentionné plus haut. Pour la reconstruction des voûtes à la croisée du transept, les architectes ont un temps envisagé de réutiliser certaines pierres d'origine, mais celles-ci étaient trop endommagées. Les arcs, les voûtains et l'anneau de compression formant la clé de voûte (constitué de quatre têtes d'anges à la croisée) ont été refaits à neuf, à partir de pierres provenant de carrières de l'Oise et de l'Aisne, selon les modèles et dispositions préexistant à l'incendie.

Les transformations les plus importantes concernent les espaces intérieurs. Les élévations et le mobilier ont été dépoussiérés, nettoyés et restaurés *in situ* ou en atelier : tableaux, clôture du chœur, vœu de Louis XIII, grilles et garde-corps en fer forgé, grand orgue ont retrouvé leur lustre sous les mains expertes des restaurateurs de décors peints, maîtres-verriers, ferronniers d'art, doreurs... Alors que la couleur, omniprésente dans la cathédrale au Moyen Âge, avait peu à peu disparu, du fait du badigeonnage des sculptures, du blanchiment des murs, des décapages dans les années 1960, mais aussi de l'accumulation de poussières, la restauration fait réapparaître la polychromie oubliée de la cathédrale. Certains décors peints des chapelles, datant des restaurations de Viollet-le-Duc, sont révélés dans leurs couleurs d'origine. La couleur jaillit également des vitraux : plus de 1000 mètres carrés de verrière ont été débarrassés de la croûte formée par la pollution urbaine, qui opacifiait le verre. La perception des fidèles et des visiteurs est aussi modifiée par la reprise totale de l'éclairage intérieur et par l'évolution du parcours de visite, qui met en valeur le mobilier et les œuvres d'art.

Examen des vitraux de la rosace du transept sud avant restauration : ici, vitrail du XIIIe siècle représentant un ange portant des couronnes.
Page d'un registre de délibérations du chapitre précisant le versement d'indemnités de présence aux chanoines lors des réunions, 1368.

Poursuivre l'enquête

La réouverture de Notre-Dame en 2024 ne marque pas la fin des travaux ni des investigations scientifiques. L'analyse des matériaux devrait continuer d'éclairer les techniques de construction et les étapes du chantier médiéval. Grâce à la modélisation numérique des structures, il sera, par exemple, possible de savoir si les arcs-boutants ont été mis en place avant, après ou en même temps que les voûtes.

Au-delà de l'étude de la charpente, les poutres calcinées renferment des informations précieuses pour reconstituer le climat du nord de la France aux XIIe-XIIIe siècles. En effet, les arbres enregistrent l'environnement dans lequel ils se développent. La succession des cernes - ces anneaux concentriques formés chaque année - ne permet pas seulement de dater les pièces de bois à l'année près, voire de connaître la saison d'abattage. Leur largeur, la densité du bois, la composition chimique et isotopique (du carbone et de l'oxygène) fournissent des indices sur les changements climatiques durant la croissance des arbres. Les chênes de Notre-Dame ont poussé lors d'une période chaude, appelée optimum climatique médiéval, jusqu'à présent mal connue en raison de la rareté des bois conservés pour cette époque.

Les bois calcinés nous renseignent aussi sur la sylviculture médiévale et la manière dont elle s'adaptait aux techniques de construction. L'observation de la morphologie des troncs, de l'âge au moment de l'abattage et des traces laissées lors de l'équarrissage permet de saisir la densité des forêts exploitées et les modalités de sélection des arbres. Les charpentiers ont choisi les arbres en fonction de leurs besoins : ils ont utilisé des chênes jeunes (60 à 80 ans), fins et élancés (25 centimètres de diamètre et 14 mètres de haut), provenant de taillis, où les chênes sont mis en compétition. Pour avoir de la lumière, les arbres ont crû rapidement, le manque de lumière garantissant l'absence de branches latérales, et donc de nœud sur les pièces de bois. Une fois les arbres coupés, l'équarrissage à la hache est réduit au minimum pour fournir la pièce désirée. Les plus grandes pièces de bois sont réalisées d'un seul tenant, dans un tronc d'arbre unique, ce qui confère ensuite à la charpente à la fois résistance et flexibilité. Les fentes et déformations des poutres indiquent aussi que le bois mis en œuvre était vert et a séché *in situ*, dans la charpente. Plusieurs raisons pratiques expliquent ce choix : la taille à la hache du bois vert est plus aisée que celle du bois sec ; le bois vert ne nécessite pas de temps de séchage, contrairement au bois sec, pour lequel le séchage est très long (25 ans de séchage pour des poutres de 25 centimètres) et dont il faut anticiper la récolte très en amont des chantiers. Outre la difficulté de disposer de bois de longueur et de section déterminées aussi longtemps à l'avance, l'immobilisation et le stockage de ces bois auraient eu un coût financier certain. L'inventaire des bois calcinés a aussi permis de repérer des trous destinés à faire passer des cordages. Cela indique que le bois ne provenait pas seulement des forêts appartenant au chapitre de Notre-Dame, mais aussi de plus loin (transport par flottage sur la Seine et ses affluents, l'Oise ou l'Yonne). Notre-Dame n'a pas été construite en rasant des forêts entières de chênes multiséculaires, mais avec un millier de jeunes chênes, soit 3 ou 4 hectares de forêt.

Double page suivante, le nouveau coq de Notre-Dame dessiné par l'architecte en chef Philippe Villeneuve, en place au sommet de la nouvelle flèche de la cathédrale, 16 décembre 2023.

Les auteurs

Julie Claustre, professeure d'histoire du Moyen Âge à l'Université Paris Cité, est spécialiste de l'histoire de Paris. **Élisabeth Lusset** est chargée de recherche au CNRS ; ses travaux portent sur les ordres religieux et la justice au Moyen Âge. **Darwin Smith,** historien, est directeur de recherche émérite au CNRS.
Ils codirigent et participent au projet *e*-NDP : Notre-Dame de Paris et son cloître (1326-1504), financé par l'Agence nationale de la recherche.

Crédits photographiques

BnF : Bibliothèque nationale de France, Paris
Musée Carnavalet : CCO Paris Musées, musée Carnavalet – Histoire de Paris

Couverture : Façade de Notre-Dame de Paris, avant 2019. © Pascal Lemaître.

Page de garde : Vue intérieure de la cathédrale de Notre Dame de Paris, estampe dns. Choix de vues d'optique des XVIIIe et XIXe siècles, Paris, tome 1. © BnF.

Notre-Dame. Mille ans d'histoire
P. 2 © Robert Lehman Collection, 1975 / The Metropolitan Museum of Art, New York, Open Acess ; *p. 4* © BnF ; *p. 5* © Patrick Zachmann / Magnum Photos ; *p. 6 et p. 7* © BnF ; *p. 8* © Bridgeman Images ; *p. 9* © Pascal Lemaître.

Notre-Dame et l'île de la Cité
Ouverture g © Musée Carnavalet ; *hg* © BnF ; *bg* Photo Bibliothèque publique et universitaire de Bâle-Ville, (Kartenslg AA 124) ; *d* © Musée Carnavalet ; *dépliant volet 1 et 2* © BnF ; *volet 3 et 4* © Janine Niepce / Roger-Viollet.

Bâtisseurs et architectes
Ouverture gg © Provins, Bibliothèque municipale, Fonds patrimonial, ms. 86, pièce 8 / Ville de Provins ; *gm* © BnF ; *gd* © Pascal Lemaître ; *d* © Pascal Lemaître ; *dépliant volet 1* © akg-images / CDA / Guillot ; *volet 2* © BnF ; *volet 3h* © Pascal Lemaître ; *volet 3g* © Musée Carnavalet ; *volet 3d* © Pascal Lemaître ; *volet 4g* © BnF ; *volet 4d* © Pascal Lemaître.

La rénovation de Viollet-le-Duc
Ouverture gg © BnF, Paris ; *gd* © Ministère de la Culture - Médiathèque du patrimoine et de la photographie, Dist. GrandPalaisRmn / image Médiathèque du Patrimoine ; *d* © BnF ; *dépliant volet 1 h et b, volet 2* © Ministère de la Culture - Médiathèque du patrimoine et de la photographie, Dist. GrandPalaisRmn / image GrandPalaisRmn ; *volet 3h* © Pascal Lemaître ; *volet 3b* © Ministère de la Culture - Médiathèque du patrimoine et de la photographie, Dist. GrandPalaisRmn / image Médiathèque du Patrimoine ; *volet 4* © Pascal Lemaître.

De pierre, de bois, de métal et de verre
Ouverture g © Pascal Lemaître ; *d* © Musée de Cluny / RMN / Franck Raux ; *dépliant volet 1h* © Maxime L'Héritier - GT Métal ; *volet 1b et volet 2h* © Pascal Lemaître ; *volet 2b* © Bringard Denis / hemis.fr / Hemis via AFP ; *volet 3h, 3b et volet 4* © Photo Patrick Zackmann / Magnum Photos.

Vitraux et polychromies
Ouverture g et d © Pascal Lemaître ; *dépliant volet 1* © CCO Getty Open Content ; *volet 2 hg et hd* © Pascal Lemaître ; *volet 2b* © Patrick Zackmann / Magnum Photos ; *volet 3g et 3h* © Pascal Lemaître ; *volet 3b* © Inrap, Dist. GrandPalaisRmn / Denis Gliksman.

Trésors
Ouverture g et d © Pascal Lemaître ; *dépliant volet 1* © Pascal Lemaître ; *volet 2h* © GrandPalaisRmn (musée du Louvre) / Jean-Gilles Berizzi ; *volet 2b* © Pascal Lemaître ; *volet 3* © David Bordes / Bridgeman Images ; *volet 4* © Pascal Lemaître.

Verbe, musique et sons
Ouverture g © Pascal Lemaître ; *d* © BnF ; *dépliant volet 1 et volet 2h* © Pascal Lemaître ; *volet 2b* © BnF ; *volet 3h* © Pascal Lemaître ; *3b* © Léonard de Serres / Maîtrise Notre-Dame de Paris ; *volet 4* © BnF.

Lieu sacré, lieu profane
Ouverture g © GrandPalaisRmn (musée du Louvre) / Michel Urtado ; *d* Licence de documentation gratuite GNU ; *dépliant volet 1* © BnF ; *volet 2* © Musée Carnavalet ; *volet 3h* © Photo Josse / Bridgeman Images ; *volet 3b* © Bibliothèque Mazarine (*La Bible historiaux ou les histoires escolastres,* Bibliothèque Mazarine, Ms 313 f.1 recto) ; *volet 4* © Christie's Images / Bridgeman Images.

Une mémoire nationale
Ouverture g © BnF ; *d* © Archives départementales de la Somme (6 Fi 20) ; *dépliant volet 1h et b* © BnF ; *volet 2g* © BnF ; *2d* © Musée Carnavalet ; *volet 3h* © BnF ; *3b* © Pascal Lemaître ; *volet 4h* © LAPI / Roger-Viollet ; *4b* © Gardel Bertrand / hemis.fr.

Notre-Dame, une icône
Ouverture g © Walter Carone / *Paris-Match* : Scoop ; *dg* © Bridgeman Images ; *dd* © BnF ; *dépliant volet 1* © Archives Charmet / Bridgeman Images ; *volet 2g* © BnF ; *2d* © akg-images / Universal Images Group / Universal History Archive ; *volet 3h* © Succession Picasso/DACS, Londres 2024 / Bridgeman Images ; *3b* © Christie's Images / Bridgeman Images ; *volet 4* Ill. Bob Staake, *The New Yorker* © Conde Nast.

La cathédrale révélée.
Connaître et restaurer Notre-Dame
P. 12 et p. 14 © Patrick Zachmann / Magnum Photos ; *p. 17* © Inrap, Dist. GrandPalaisRmn / Denis Gliksman ; *p. 18g* © Patrick Zachmann / Magnum Photos ; *p. 18d* © Archives nationales de France ; *p. 21* © Patrick Zachmann / Magnum Photos.

Double page de garde
Écorché de Notre-Dame de Paris © Gallimard / Ill. Jean-François Péneau.

HORS SÉRIE DÉCOUVERTES
NOTRE-DAME DE PARIS, L'ŒUVRE DES SIÈCLES
Direction des partenariats : Franck Fertille - Direction artistique : Anne Lagarrigue
Développement éditorial : Caroline Levesque - Édition et iconographie : Caroline Larroche
Graphisme : Valentina Léporé, assistée de Pascale Comte - Lecture-correction : Marie-Paule Rochelois
Fabrication : Sandrine Lebreton - Presse : Béatrice Foti, assistée de Laetticia Copin
Photogravure : Hyphen, Orio al Serio, Italie

Dépôt légal : décembre 2024
Numéro d'édition 619636 – ISBN 978-2-07-304847-9
Imprimé en Italie
par Cooperativa Lavoratori Zanardi, en 2024

Certifié PEFC
Ce produit est issu de forêts gérées durablement et de sources contrôlées
PEFC
PEFC/18-31-1006
www.pefc-france.org

Notre-Dame aux XIXe-XXIe siècles

Pour sa structure comme par sa disposition intérieure, la cathédrale d'aujourd'hui est identique à celle restaurée par Lassus et Viollet-le-Duc.

Apparaissent ici les principaux éléments de son architecture à l'exclusion de ceux de la façade, tournée vers l'ouest, et du flanc sud, bordé par le jardin de l'archevêché le long de la Seine.

1 Nef
2 Couverture en plomb
3 Bras nord du transept
4 Fermes de la charpente
5 Statues des apôtres
6 Bras sud du transept
7 Flèche
8 Coq en cuivre
9 Fenêtre haute
10 Claire-voie
11 Abside
12 Pinacle
13 Gouttière
14 Arc-boutant
15 Terrasse
16 Tribune
17 Colonne
18 Stalles
19 Chœur
20 Double déambulatoire
21 Chapelle
22 Porte Rouge
23 Voûte sur croisée d'ogives
24 Portail du cloître

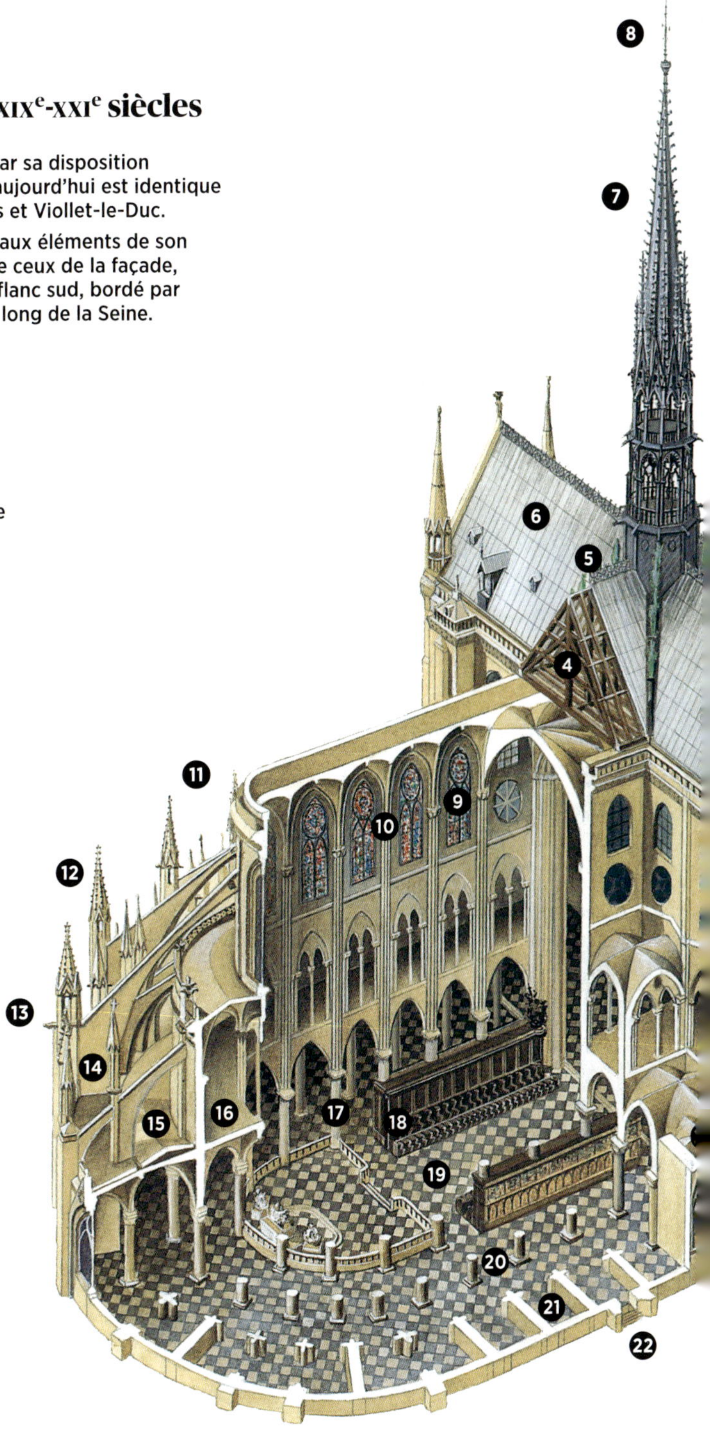